口述

中研院

近代史研究所

口述历史系列

郑天杰先生访问纪录

访问：陆宝千

纪录：官曼莉

九州出版社 JIUZHOUPRESS | 全国百佳图书出版单位

图书在版编目（CIP）数据

郑天杰先生访问纪录 / 陆宝千访问；官曼莉纪录. -- 北京：九州出版社，2012.3
（中研院近代史研究所口述历史系列）
ISBN 978-7-5108-1354-2

Ⅰ. ①郑… Ⅱ. ①陆… ②官… Ⅲ. ①郑天杰（1911～1994）—生平事迹 Ⅳ. ①K825.2

中国版本图书馆CIP数据核字(2011)第277311号

郑天杰先生访问纪录

作　　者	陆宝千 访问　官曼莉 纪录
出版发行	九州出版社
出 版 人	徐尚定
地　　址	北京市西城区阜外大街甲35号(100037)
发行电话	(010)68992190/2/3/5/6
网　　址	www.jiuzhoupress.com
电子信箱	jiuzhou@jiuzhoupress.com
印　　刷	三河市东方印刷有限公司
开　　本	680毫米×970毫米　16开
印　　张	20.25
字　　数	274千字
版　　次	2012年3月第1版
印　　次	2012年3月第1次印刷
书　　号	ISBN 978-7-5108-1354-2
定　　价	42.00元

出版说明

台湾中研院近代史所，从建所至今，几十年来共采写和出版了二百余种“口述历史”。近代史所的学者制定了严格的口述史操作规范，并进行采访和撰写，使类似史料层面的“回忆录”和“纪实”，上升为可供专业人员研究的“口述历史”。他们的访问对象涉及当代军事、政治、经济、文化等各方面的重要人士，请其自述生平，为现代史研究留下了一系列珍贵的口述记录。

九州出版社“中研院近代史研究所口述历史系列”，是上述二百余种“口述历史”的精选集，也是海峡两岸出版交流中心的重点引进出版项目。本系列以简体字出版，对原书注文体例和文字错误进行了必要的订正。原版本的丛书弁言和前言，介绍了该丛书的缘起、价值和意义等情况，简体版将其主要内容附于书前。

该书访谈对象的某些政治立场、观点和看法，我们并不认同，但为了保留史料，便于参考研究，在编辑过程中，我们对文中对我党我军的诬蔑性语句和称谓进行了中性处理，内容仍保留原貌；个别之处，有所节略；对于文中一九四九年十月一日以后使用的“民国”纪年，改为公元纪年；对于文中一九四九年十月一日以后的台湾当局及相关机构、职务等，加以引号。本系列图书供近现代史专业读者参考使用，望读者在阅读时注意辨析书中的一些内容。

九州出版社

2011年6月

郑天杰（一九八五年摄）

民国二十五年于英国皇家海军学院受训

民国二十七年二月与友人阙晓钟在汉口中山公园附近合影

民国二十七年与友人合影，时任江元军舰枪炮大副

伤兵之旅（民国二十七年十二月二十四日摄于湖南辰溪）

民国三十年三月摄于皖南至德孔村，时任布雷第三大队大队长

民国三十七年七月二十一日重庆舰与灵甫舰官员在新加坡欢迎会后摄，前排右起（5）为重庆舰舰长邓兆祥，（7）为灵甫舰舰长郑天杰

解甲归田后与夫人、千金郑真同游阳明山（一九七九年）

一九八五年拜访俞大维时合影

弁　言

口述历史访问计划，中研院近代史研究所在筹备时期，即由筹备主任（嗣任首任所长）郭廷以拟订进行，其目的在访问当代军事、政治、外交、文教、经济、社会等各方面的重要人物，请其自述生平，为现代史保留忠实而深入的纪录，以备历史学者之研究。自一九五九年十月起迄一九七二年九月止，参加访问工作者先后有沈云龙、王聿均等二十二人，接受访问者七十余人，成稿六十六份，约四百八十万言。

口述历史资料，其重要性不亚于文献档案。民国以还，内乱外患交迭相乘，史料损失，不可胜计。对历史真相的了解，需要参证当事人口述之处甚多，这些笔录，对中国现代史的研究将有莫大的帮助。本所于一九八二年开始征得应访者（或其家属）同意，陆续刊印访问纪录，列为口述历史丛书。一九八四年春在所长吕实强推动下，成立口述历史组，恢复访问工作。

本所访问人员力求应访者尽情畅谈，所成笔录文稿保留口述原意，不予刻意修饰。初稿送应访者校订后视为定稿。惟应访者记忆难免有所疏误，或有涉及价值判断、个人恩怨、政治立场，而纪录或语意不清，印刷或有手民误植，尚祈读者赐函指正。

中研院近代史研究所口述历史组　谨识

一九九〇年四月

前　言

郑天杰先生福建林森县人，生于辛亥革命之年。小学毕业后，考入福州英华书院，该校乃英国教会所办，时值五卅惨案，民间反英情绪极昂，先生为爱国心所驱使，乃改入马尾海校，民国二十年毕业，服役于应瑞军舰。二十三年，奉调留学英国，抗战既起，先生以所受课程皆已结业，乃兼程返国，参加抗战，尝亲与长江水道之布雷工作身受重伤。后为美军顾问之联络官。日军投降，先生担任海军汉口办事处处长；稍后，任汉口练兵营营长。初，英国政府允以巡洋舰一艘补偿战时我民船被征用之损失，复租予我驱逐舰一艘。三十五年，先生奉命率官兵六百人赴英接舰，次年，任灵甫舰舰长。返国后，任南京区海军警备指挥官。一九四九年，灵甫舰在香港为英政府索回，先生返台湾任汾阳舰舰长。一九五一年起，负责海军教育事宜，旋内调“国防部”第五厅“副厅长”，一九五五年，为“驻美武官”。任满，先后为“海军总部”督察长，人事署署长，一九六三年，调“总统府”参军，一九六六年，志愿退伍，转往台湾航业公司服务。

本所之口述历史访问计划中，于海军人物尚付阙如，蒙先生同意，愿意接受访问。先生思虑缜密，措辞谨慎，兹编所录，允为信史。计自一九八六年十一月起，至一九八七年九月止，每周讲述一次，记录及整理工作，由官曼莉小姐始终其事。今此稿付梓而官小姐已赴美深造，不能参与其工作成绩之问世。回忆当年风雨无阻，振笔疾书于郑府情状，曷胜怀念，附志于此，以表谢意。又，访问期间，郑先生出示资料甚多。今选取五篇，其中赵梅卿先生所作，可使吾人了解昔日海军学生训练情形之一斑。郑先生二文，其一，可睹当时留英海军学生生活之一面；另一篇，则为中国人亲见战后德国北海潜艇基地被毁之情形，实为珍贵之史料。畲振兴先生之回忆录，系从另一立场所见民国海军之情形，足与本访问录相证相补。以上诸文，蒙郑先生允许，作为本书附录，特此致谢。

陆宝千　谨识

一九八九年十一月六日

目　录

三　忧患余生（一九六七年迄今）

四　余生闲话

访问时间：一九八六年十一月至一九八七年九月

访问地点：台北市大直通北街郑宅

访问次数：共二十三次

访问人员：陆宝千

纪录整理：官蔓莉

引 言

口述历史，据所了解似系由史学工作者向特定人士探询其在特定时间内之活动、记录其对特定史事之见解，俾供历史学者之第一手参考资料。历史学者根据史实判别史料之真伪而决定采择标准，故吾人首先要明了史实与史实发生之背景，以免因误解而率尔操觚，贻误读者。兹举二书以为例：

一、张荫麟译泰莱《海战见闻记》之正误

张荫麟先生所译之泰莱《甲午中日海战见闻记》，系甲午海战身历者之第一手史料，故其译文广为治史学者所征引。惟经校勘原著，发现译文有可商榷及误译之处计三十八项（见《中日甲午海战与李鸿章》第五章附注）。兹略举之：

其误译部分，可别为两类：一为不明专业术语之误译，一为原文明非此解之误译。属于前者之误译共十四项，其中以“全队同时向右移转四度”，与“然后低声曰‘慢，慢’，”常

被引用，肇致对刘步蟾误解最深。按“四度”为“四点”或“四十五度”之误译，“慢，慢”为“稳舵，稳舵”之误译。

明非此解之误译有四项：注二之“声誉”译作“畏葸”，注十五之“文雅”译作“巧滑”，注三十四之“因素”译作“怯懦”，及注三十五之“压腿”译为“折腰”，且自注：“译者按：中日兵事本末云‘汝昌……督战中弹，伤腰仆地’。”是为明非此解之误译显证。

甲午中日海战开战前，泰莱本身不明舰队变换阵形之正常运动方法（“镇远舰本在后相傍，忽疾趋而前，若欲相比肩者，他舰之行动亦同此可异”），与罔顾舰船转换航向之习用舵令程序（“总兵乃令曰：‘舵左转’，然复低声曰：‘稳舵，稳舵’，其结果舰止转动，余大恚，加以诅语”），乃“于心不安的推断”系“刘步蟾自保其皮之急智”，将沉勇指挥作战之刘步蟾描述为“一变态的懦夫”，而致张荫麟先生有此误译。

二、包遵彭先生著《中国海军史》

有关清末至民国阶段之海军大事纪要有二：一为池仲佑编的《海军大事纪》，记事始于同治年间止于民国六年。一为“海总部”所编《海军大事纪》，上起民国元年，下止民国三十年。包遵彭先生以为后书“文字芜杂，故不取”，其所著《中国海军史》民前部分参酌池氏之书，民后部分则选择使用，而以派系为其着眼点。包氏非海军出身，他曾任海军总司令部军法处科长。据包赵瑛阶女士撰《逝者已矣》(《传记文学》，第二十二卷，第一、二期，一九七三年二月六日订补）一文中云："遵彭深感桂总司令知遇之恩，尝思当如何有以报。"包氏于民三十五年十月随桂氏到海总，一九五〇年初开始撰海军史，该书现代部分主观较深，多处削足适履以符合海军派系之说，为海军蒙上不白之冤。实则海军受政局影响而分裂，本身没有地盘，本身并无派系之争，吾人所见者系人谋的问题，海军历次参与护法、北伐、抗战诸战役，将士用命促成中国之一统，并培育了一批优秀人才，如詹天佑、严复、张伯苓等，于近代中国之建设，建树良多。

我这一生历经民国以来的内忧外患，足迹遍及我国华南、内陆、沿海各省与北半球亚、非、欧、美国家。数十年来，于役军旅，为国服务。晚年，并蒙蒋公委派，以少将参军之职，视察"国防部"各总部及三军部队，得有机会领略蒋公坚苦卓绝，为"国"爱民之情操。我自退休后原亦有志于撰写近代海军史，海上交通史等，但以年岁已高，精力不足，故时时以前"驻英国大使"郑天锡先生的话自勉，郑先生著《八十感言》(The Chinese Way of Life）中曾说："When one gets old, one should at times relax, nor must at least, his power overtax. Eat less, drink less, rest more, and worry not. Be happy and content with what you have got."《庄子·养生主》曰："吾生也有涯，而知也无涯，以有涯随无涯，殆矣！”亦经常以此自惕。个人仅是一平凡的退伍军人，无赫赫之功，所知有限，但检讨过去，确实有着“苟利国家生死以，岂因祸福避趋之”的际遇，体会到“为政在人，取人以身”的重要，而天下为公，选贤与能，知人善任，培育为天地立心，为生民立命，为往圣继绝学，为万世开太平之人，则为世之当政者首要任务。

生平经历可概分为三阶段：民前一年至民国三十七年可称为“血战余生”；一九四九年至一九六六年，可称为“浩劫余生”；一九六七年迄今，可称为“忧患余生”。

一　血战余生（民国前一年至民国三十七年）

——苟利国家生死以——

第一讲　家世与早年教育（民前一年至民国十四年）

一、家　世

中华民国开国前八日，清宣统三年，夏历辛亥年十一月初五日，即民国前一年西历一九一一年十二月二十四日，天杰出生于福建福州南关外坡尾乡。

坡尾乡，位于闽江中流东岸，介于通往南台岛之洪山桥与万寿桥之间，为福建省闽侯县之辖区。因纪念国民政府主席林森，闽侯县后更名为林森县。

郑氏，肇始于周宣王二十二年（公元前八〇五年），封其弟“友”于“郑”，是为桓公，郑地约在今陕西华县附近，但郑桓公又向虢、郐两国要得十邑之地，约在今郑州附近。后遭犬戎之乱，桓公及周幽王俱为犬戎所杀，桓公子武公乃随平王东迁于原先十邑之地，是为新郑。桓公后人，遂以“郑”为氏。

郑氏族谱之世系（见本讲附录），分列两表，自一世黄帝，至二十九世静（周宣王）、友（郑桓公）为郑姓以前之谱系表；

从一世郑桓公至五十八世及以下为郑姓直系谱系表。直系表中，第四十世庠公，次子昭（四十一世，字元质），晋永嘉元年为龙骧将军，由荥阳过长江入闽，封开国侯，先后任建安泉州的刺史，因居泉，旋迁侯官县，是为开闽始祖。第五十七世露公，生唐开元八年，与同祖弟庄公、淑公于唐德宗贞元元年（西历七八五年）同徙于莆田之南湖山，立湖山书院以讲学，号为南湖三先生。天杰为南湖郑氏之嗣。

福州南关外南台岛高湖乡又名南湖墩，有“南湖郑氏祠堂”，系明弘治十八年（西历一五〇五年）进士郑善夫（少谷）所建。善夫公在《重修南湖郑氏族谱序》末署“居三山南湖十世孙善夫谨志”。此所谓“三山”系福州别名，所谓“十世孙”当自源深公徙三山后起算，如由始祖郑桓公起推算，则善夫公应为八十二世孙；先严贻焕先生于清同治元年（公元一八六二年），应为九十五世，天杰则为桓公后九十六世孙。

先严贻焕公，在福州经营木材运销业，先慈林太夫人生余及兄姊弟共八人，两姊均适尾墩陈氏，四弟及六弟出嗣舅家。

余妻曾瑶瑛女士，国立商学院毕业，民国三十五年七月二十一日来归，贤淑英慧，纯洁朴实，一九五二年生一女，取名“真”。此女已于一九八一年适周家，育有一女、一男，家庭生活美满。

二、早年教育

（一）启　蒙

大约民国六年，天杰到吾乡侯德榜先生家塾中就读。侯先生是个很有名的化学家，中央研究院第一届院士，曾任唐山永利公司总技师长。家塾中除侯先生的弟侄侯启明及侯虞池外，就是邻里的学童如卢美煊、朱慈煊等，总共有十人左右。当时读物有《三字经》、《千字文》、《千家诗》、《大学》、《中庸》、《幼学琼林》等，习字描红有“上大人，孔乙己”及“一去二三里，前村四五家，高楼六七座，八九十枝花”等。私塾中之读书情形，已不能详记了。

（二）开　智

民国八年，五四运动之后，先严以时代革新，未容墨守旧制，遣余入省立开智小学就读。余在该校约两年，其时有一事印象深刻，记忆犹新。时为民国十一年，广东政府陈炯明叛变，国父命北伐军回师讨逆，其中一支军队由许崇智、李福林、黄大伟等率领，退向闽边，十月十二日至福州。国父乃委林森为闽省省长，王永泉为闽军总司令，退入闽省之北伐军则编为东路讨贼军，以许崇智为总司令兼第二军军长，黄大伟、李福林分别为第一、三军军长。是时，闽省省府改组，学校暂停。乡里百姓皆保甲自卫，夜间持械出巡联防、巡更，维持地方治安。各公立学校亦发放步枪等军械使学生自卫。某日，先慈带我逃难，曾戏对我说：“宣统三年武昌革命时，福建响应独立，革命军与清军激战，我避难一桥下，时你犹在我腹中。今天是你第二次逃难。”我当时所见之粤军皆头戴大斗笠，背书“粤军”两大字，身着粗厚草鞋，与北军李厚基部装束迥异。过去部队行军，很少车辆，必须以人力挑负行李、粮秣、子弹等，常常当街强拉百姓以为挑夫，故百姓见兵即避。而革命军则军纪森严，并不拉夫，口碑甚好。他们在行进中皆高呼：“革命军不拉夫！”不久，东路讨贼军回师广州平乱。

福州民风淳朴，兹举一事为例。那时乡村以及道旁随处可见字纸炉，上书“敬惜字纸”，民众都不任意丢弃废纸，路见废纸，亦必拾而置之字纸炉中，此种良俗，今台湾已不复见矣。

（三）广　益

民国十一年，开智小学因许崇智军入福州而告停课，我遂转入福州基督教美以美会所办广益学堂肄业。广益学堂系高等小学，男女合校，其时学制，初级小学四年，高等小学三年，中学四年而后大学。该校因属教会学校，课程有英文、古文、格致、史、地、修身等，但当时校中已有国语注音教学。（记得教我注音符号之老师为福建古田人氏），故国语注音教学并非始于台湾。

在广益肄业期间，今日犹可记忆之活动，为五九国耻日学生游行一事。先是民国四年一月十八日，日本乘欧战方酣，向我提出二十一条要求，以为列强必无暇东顾，可乘机夺中国利权。五月七日，向北京政府致送最后通牒，限五月九日下午六时前答复，否则将采取必要手段。五月九日，外交部照会日本驻华公使日置益，承认日本之最后通牒。二十五日，经大总统袁世凯盖印认可。日本此一举动，引起中国社会各阶层的反日运动。闽省亦每年于五九国耻日，全省各级学校学生举行游行，每人手持国旗，沿街高唱，其歌词零星可记者：“五月九日，五月九日，国耻终须雪；卧薪尝胆，誓复国仇，请看我铁血。”民众亦发起抵制日货运动。故当时少有人穿着东洋制的衣服，因为常有因穿着此种衣服而被爱国民众当街撕裂者。

民国十四年三月，国父孙中山先生病逝于北京。四月三十日，我自广益学堂毕业，经甄试后录选福州基督教英华书院。但适逢五卅惨案发生，民气激昂，反英气氛弥漫全国，所有教会学校暂皆停课，英华书院亦不例外。适马尾海校招生，经乡长卢挺英先生代为报名，考试录取后，遂于七月一日，入马尾海军艺术学校。

第一讲　附　录

◎郑氏世系表

公　谱

甲、郑姓以前谱系表

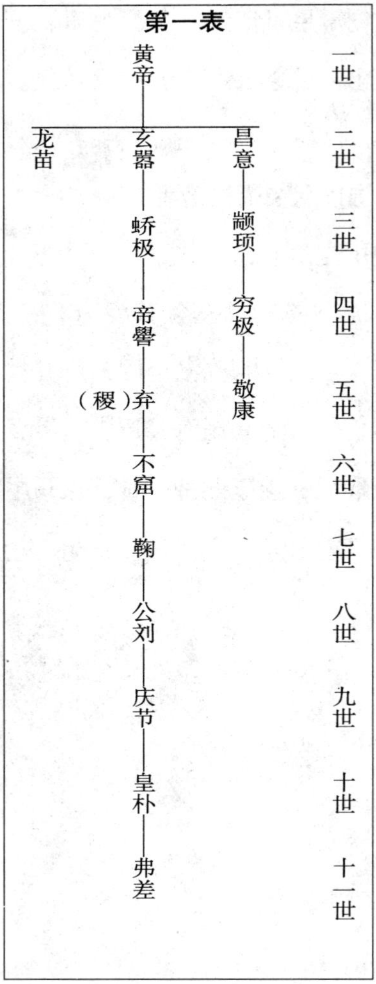

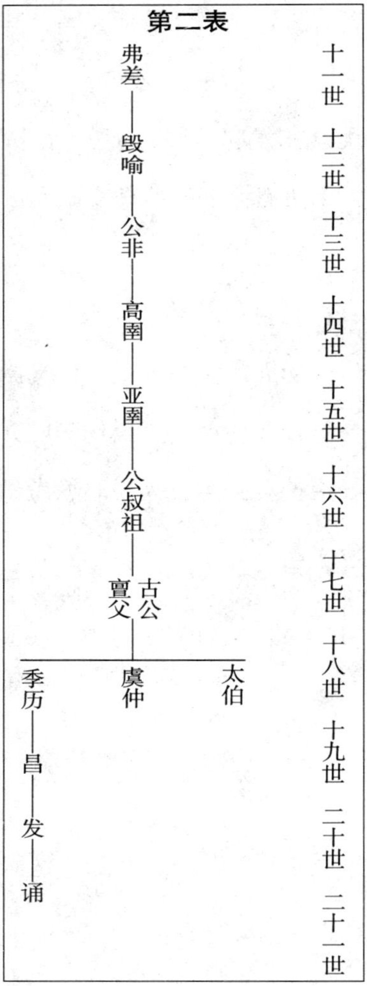

第三表

二一世	诵
二二世	钊
二三世	瑕
二四世	满
二五世	緊扈
二六世	辟方　轄
二七世	燮
二八世	胡
二九世	静　桓

乙、郑姓直系谱系表

第四表

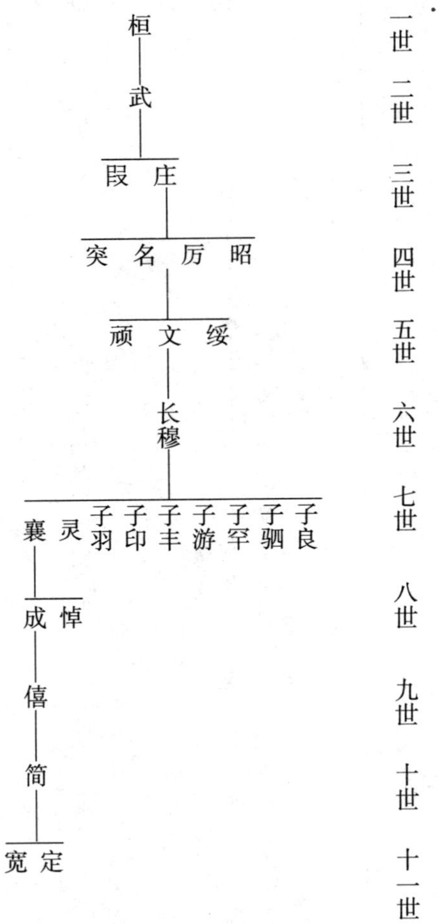

第五表

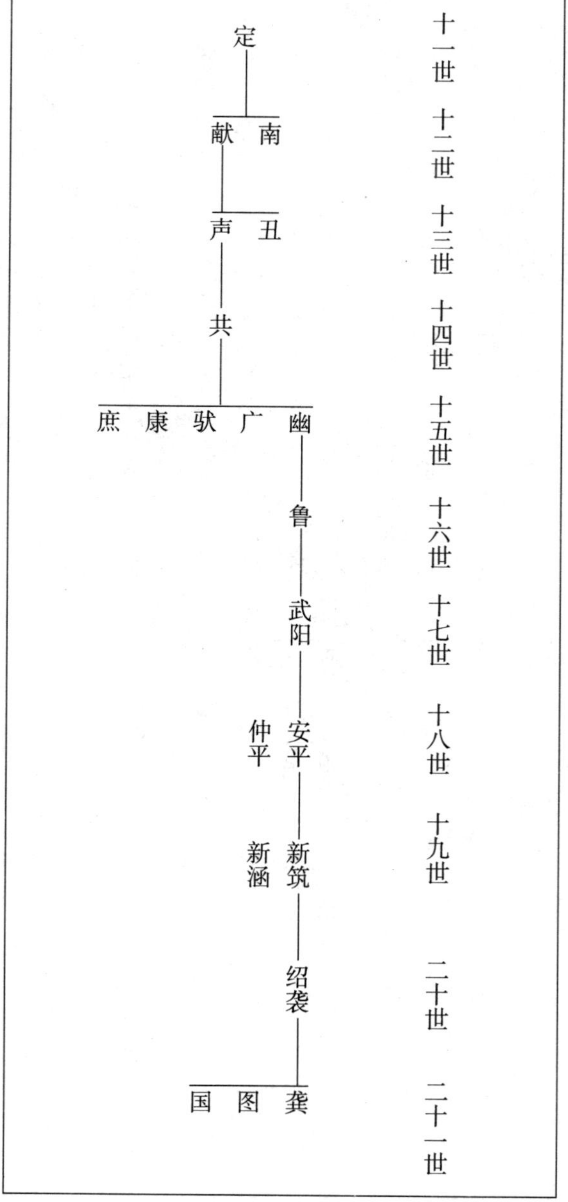
十一世
定
十二世
献 南
十三世
声 丑
十四世
共
十五世
庶 康 驮 广 幽
十六世
鲁
十七世
武阳
十八世
仲平 安平
十九世
新涵 新筑
二十世
绍袭
二十一世
国 图 龚

第六表

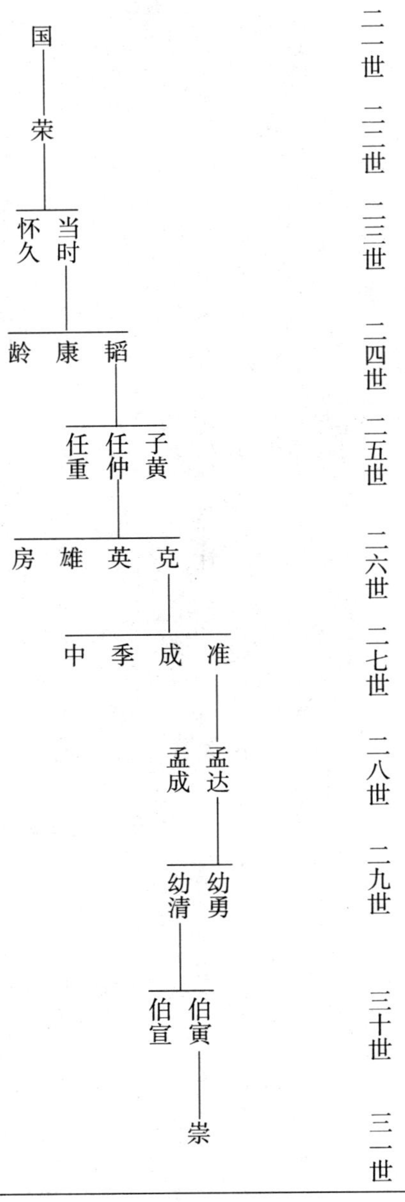
二一世
二二世
二三世
二四世
二五世
二六世
二七世
二八世
二九世
三十世
三一世
国
荣
怀久
当时
龄
康
韬
任重
任仲
子黄
房
雄
英
克
中
季
成
准
孟成
孟达
幼清
幼勇
伯宣
伯寅
崇

第七表

- 崇（三一世）
  - 众臼（三二世）
  - 允臼（三二世）
    - 安世（三三世）
    - 叔正（三三世）
      - 汝源（三四世）
        - 柔钏（三五世）
        - 柔用（三五世）
          - 康成（三六世）
            - 世长（三七世）
              - 元素（三八世）
                - 孟宗（三九世）
                  - 杰（四十世）
                  - 庠（四十世）
                    - 昭（四一世）
                    - （闽省开基祖）平（四一世）
  - 达臼（三二世）

第八表

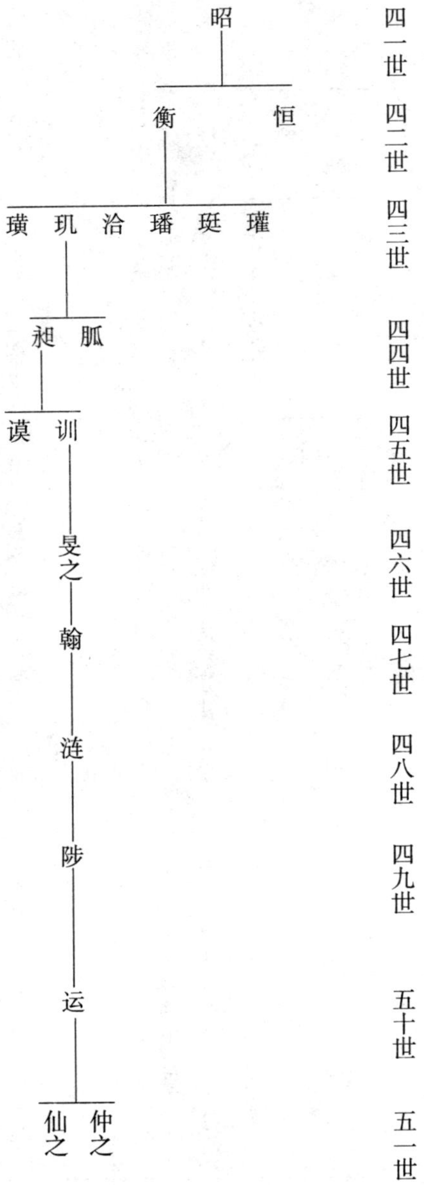
昭
衡 恒
璜 玑 洽 璠 珽 瓘
袒 胍
谟 训
旻之
翰
涟
陟
运
仙之 仲之
四一世
四二世
四三世
四四世
四五世
四六世
四七世
四八世
四九世
五十世
五一世

第九表

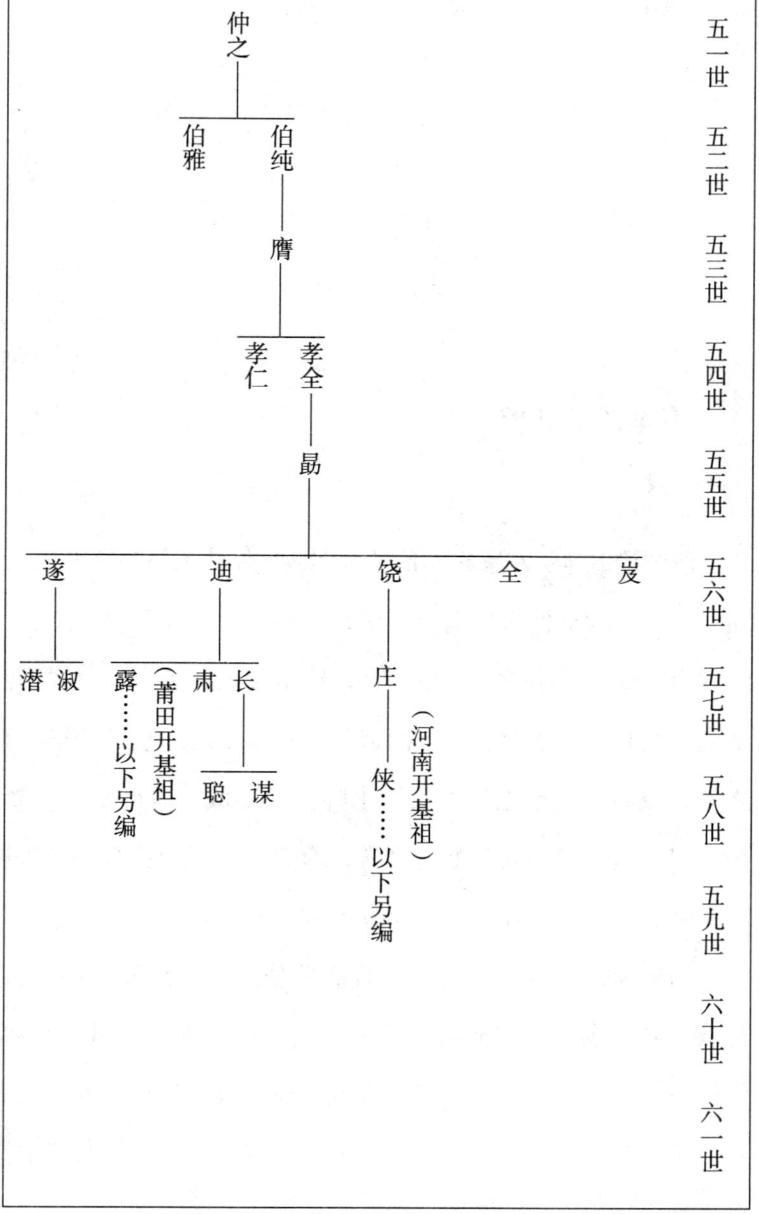
仲之
伯雅
伯纯
膺
孝仁
孝全
勗
遂
迪
饶
全
岌
潜
淑
露……以下另编
（莆田开基祖）
肃
长
聪
谋
庄
侠……以下另编
（河南开基祖）
五一世
五二世
五三世
五四世
五五世
五六世
五七世
五八世
五九世
六十世
六一世

第二讲　马尾负笈

一、海军艺术学校

清同治五年，左宗棠奏请开办船政，保沈葆祯为督办大臣，同治六年，购机器筑厂坞于马尾，此后又开设前后两学堂。前学堂习制造，后学堂习驾驶，又设绘事院及艺圃，均附属于前学堂。招收髫年子弟，学习制造驾驶技术，此为我国海军学堂之始。此后，光绪七年，天津水师学堂落成，聘严复（宗光）为教习，招生肄习驾驶专门之学，而南京、烟台、黄埔等海校亦相继成立。风气日开，故我海军学校实以马尾为其嚆矢。

马尾船政学堂成立之时，设有监督一员，总教习各一员，帮教习各二名，汉文操练教习各一员，照料教习教员。此后，经修正编制，迄民国十七年北伐成功后，改设校长一人，及训育主任、各科教官等。本校经费来源，成立之始，均归船政局全盘报销。民国二年，由北洋海军部提供。十七年后，皆由中央政府供给。凡海校学生其膳食、书籍、服装等项，皆为免费。练习生且有零用金每月三元。

海军艺术学校，乃民国二年，将船政局制造厂员工教育训练机构之“艺圃”改制而成。民国六年马尾新设“海军飞潜学校”，其百名学生即由艺校甄选而来。民国十五年，马尾海校学员毕业未再招收新生，亦甄选艺术学校学生中成绩优异者拨入海校。时余甫肄业艺术学校半年，经校方甄试获选，于十五年转入海校受训。

二、海军学校

海军学校其前身为福州船政求是堂艺局，后改名为船政前后学堂，民国以后，后学堂始改今名。学生之考试，十分严格，毕业班均由北京海军部派员监考。入学后，训练时间规定为八年四个月，修习课目有国文、历史等普通课目及数学、天文、航海、力学等专门课程（专业课目皆用英文原本授课）。此外亦有兵操体育课。学生中航海科、轮机科分学。航海生校课五年，修毕后，再上船接受舰课，初为练习生，后为见习生，见习期满，始任中尉官。学员课业有不及格者或年度体检不合格者，立予淘汰。我同班生迄毕业时，仅余十五名。

民国十五年七月，国民革命军在广州誓师北伐。

民国十五年十一月海军第一舰队司令陈季良，首先以闽厦警备司令名义宣布服从国民革命军，十二月北伐军在海军陆战队协助下，截击张毅军队，奠定闽局，何应钦率军进驻福州。十六年一月何应钦率军入浙，委第四独立师师长张贞为福州留守司令。

民国十六年三月，海军总司令杨树庄率所属舰队在上海就任国民革命军海军总司令。

海军归国民革命军后，学校改悬原系海军旗的青天白日满地红国旗，所有军舰舰首均改悬青天白日党旗（原悬五色国旗），舰尾仍悬海军旗，即新的青天白日满地红国旗（参看沈云龙先生《双十话沧桑》，《传记文学》卷五十一期四）。

海校于驾驶轮机人才之培训，聘有两位英籍教官，其余各科教官，以学成归国之留学生充任。制造学校与造船厂则洽聘法籍教官，法籍技师。教官之优秀可记者，有中国教官沈仲英（教授旗号课程，天津水师学校毕业）、英籍航海及轮机教官为Captain Monro与Captain Kelly。

本校每年于黄花岗纪念日召开纪念大会，每周固定召开总理纪念周大会，会中并宣读党义。国民革命军北伐以前，校方严格规定学生“剪发一律光头”、“军人不问政治”，甚至限制学员阅报。迨北伐成功后，校方逐渐开放学生阅览书报，图书馆中亦多方购置政治方面之书籍供学子阅读。其中尤以上海民智书局、广东书局之出版品最多（大多为国民党之书籍）。学生们经常汇钱购书，互相传阅。如记载黄花岗七十二烈士事迹之《革命先烈文艺集》、克鲁泡特金著之《互助论》、《建设杂志》，胡汉民先生之《三民主义的连环性》、戴季陶之《日本论》、《三民主义之哲学基础》，《曾胡治兵语录》，以及尼采、康德等名家著作。这些课外书籍深深影响了那个时代青年们的心，也陶铸了我的性格。而北伐前后，校方在校内各处设置了标语，如“学生要立志作大事，不要存心作大官”，“革命的基础在高深的学问”、“人生以服务为目的，不以夺取为目的”、“自由、平等、博爱”等等，也激励了学生们的心。

马尾地当罗星塔旁，多中法战争的遗迹，如张佩纶所筹建的“昭忠祠”，纪念中法战役中阵亡的将士。海校学生每于课余之际，常携带光饼，结伴攀登邻近诸山，遍访昭忠祠、左公祠、鼓山涌泉寺等胜迹。我的别号“大超”即缘于佛寺中阅读一楹联有感，取其大彻大悟，超然出世之意。也是在那个时期领悟到“我不入地狱，谁入地狱”及“有一众生未成佛，则我不愿成佛”的佛教积极救世悲天悯人的精神。

三、航空班

民国十七年一月九日，蒋中正通电继续行使国民革命军总司令职，再度北伐。北伐军共有五个总司令（北伐军总司令蒋公兼任国民革命军第一集团军总司令，冯玉祥为国民革命军第二集团军总司令，阎锡山为国民革命军第三集团军总司令，李宗仁为国民革命军第四集团军总司令，加上杨树庄的国民革命军海军总司令)。十七年十月，全国终告统一。举国上下热烈庆祝国庆，海校亦张灯结彩，校门口贴一对联："先烈之血，革命之花，十月十日，千秋万世。"此情犹在目前。北伐完成后，为响应航空救国，我亦转读海军航空班第二期。航空班学生住宿于海校宿舍，每天步行到马尾造船所飞机制造处上课。

在校受训期间，对教授航空原理的教官杨福鼎印象尤其深刻。其讲解飞机转弯飞行时，常以一口语："有 Bank 总有 Turn，有 Turn 总有 Bank。"加以说明。

航空班规定学员于受训六个月后，派赴上海实施飞行技术演练。我受训六月期满后，依例派赴上海。行前，校方举行体格检查，由美籍医生 Dr.Gillet 主持。在测试视力项目时，Gillet 医生持一蓝色纸要我辨视，我不加思索地以英文答曰："Green。"话甫一出口，自己心里立即警觉到答错了。英文蓝色应为"Blue"，而非"Green"。但因当时年纪还轻，比较固执顽强，不愿向 Gillet 承认刚才自己翻译错误，反而将错就错，一律将测试用的蓝、绿色试纸分别以"Green"、"Blue"作答。Gillet 医生因此判定我为色盲，体检不及格，遭校方淘汰。我即刻面见校长陈述原委，校长对我说："不要紧！塞翁失马，焉知非福！"飞行是极为冒险的事业，航空班二期学员，日后在上海实行飞行演练与抗战诸空战战役中，牺牲殆尽。而我以遭受淘汰，复归海校，与后期学员同时毕业，至今尚存。一念的固执改变了一生的历程。

四、航海班

离开航空班重返海校，校长命我插入由烟台海校移来的航海班（学生龚栋礼、薛奎光等）肄业。我未到航空班前之戊班同学，此时已与丁班同学混合编为福州海校第二届航海班（如吕叔奋、张鸿模等）及福州海校第三届轮机班（如陈昕、林巽遒等），另有近视同学则编为制造班。制造班同学于杨树庄总司令到校视察后，奉命全体退学，转学福州协和大学等处。

民国十七年，在校学生尚有：福州海校第一届航海班学生陈瑞昌、陈书麟、卢诗英等，福州海校第二届轮机班学生董锡朋、卓韵湘等，附设军用化学班学生李可同、黄良观、陈宗芳等，及烟台海校寄闽班学生陈赞汤、林祥光、张天浤、孟汉鼎等。

先是，烟台海校于民国十六年秋被张宗昌逼迫停办，校中尚有两班航海学生乃均移并于福州（马尾）海校完成学业，其应届毕业之航海班（通称寄闽班）陈赞汤等三十名于十七年九月在马尾海校修毕校课，仍作烟台海校第十八届航海班，另一班（学生龚栋礼、薛奎光等）则算为福州海校第三届航海班，不作烟台海校第十九届航海班。我由航空班返即插入三届航海班。

民国十七年十月，北伐成功全国统一，海军总司令部筹议扩展教育培植人才，拟于浙江象山港兴建大规模之海军学校，派第二舰队司令陈绍宽率同总监郑滋墀、训练处处长夏孙鹏、海容舰长王寿廷等抵象山港实地勘察，呈报象山港北岸高泥地方适合建校之用，请先派员测量。

民国十八年六月一日国民政府成立海军部。八月福州海校第二届航海班校课毕业离校，校中仅余轮三（三届轮机班）航三（三届航海班）及航四班等三班学生。

民国十九年一月海军部派夏孙鹏任福州海军学校校长，代校长沈荀玉调回海军部任技正本职。海军部成立招生委员会，依海军学生考选章程（见《民国海军史料》，页四二八），于四月中选取学生孔繁均，魏济民等一百名分为航海（航五）、轮机（轮四）两班送马尾海校入学，算是北伐统一后第一次全国招考的学生。海军部加聘英国海军上校孟罗（Monro）为海军学校航海教官，克礼（Kelly）上校为轮机教官。

民国二十年四月校长夏孙鹏因病开缺，校务由训育主任陈志皙代，六月海军部举办第二次全国招生，考取王国贵、邱仲明等九十五名来校肄习，七月我们校课修毕，全班派赴应瑞军舰练习，海军部以杜锡珪为海军学校校长（北伐统一后，杜氏奉派考察列强海军，撰有报告书，海军随员黄显淇，英文秘书董显光），十二月福州海军学校，遵中央决议，改称“海军学校”，另颁新关防，校长杜锡珪改聘为海军部高等顾问，兼管海军学校事宜。（民国二十年后海校沿革：民国二十二年闽变，海校自马尾迁南京，二十三年迁返；二十七年抗战，由马尾经湘潭迁贵州桐梓；三十四年抗战胜利，由桐梓迁重庆，改名“中央海军学校”；三十五年迁上海，招高中毕业生，采航轮兼习四年毕业制，更名为“中央海军军官学校”，蒋主席兼任校长；三十六年迁青岛，冬蒋公膺选总统，辞兼校长职；三十八年迁厦门，再迁台湾左营。就校史言，从船政求是堂艺局迄今，已逾百二十年。）

第三讲　舰课巡洋

海军航海班学生在校修毕五年校课后，便以海军练习生的身份，全班派舰修习舰课二年半，修毕舰课才算毕业，但尚须分派各舰见习半年，然后始派任海军官职。以入校时试读甄别三个月，修业时休假一个月，一起计算，自入校至任官共需八年四个月。轮机班学生校课六年半，厂课一年，实习半年，并甄别三月休假一月，修习期限亦为八年四个月。“八年四”所以成为海军学生的代称了。

航海班学生校课科目为：天文、地文、航海、罗经差海道测量、理化、史地、英文、国文、数学、力学及轮机大意等。舰课含有：驾驶、引港、船艺、避碰章程、值更须知、航泊测算、信号、舰队编队、枪炮、鱼雷，及沿江沿海航行练习等通称为巡洋。

一、应瑞舰练习——九一八、一·二八

民国二十年七月我们到应瑞练习舰，全班十五人均住在学生舱中。学生舱是我们的教室、餐厅，也是卧室（晚上睡在吊床上）。应瑞舰舰长是林元铨上校。八月海军第一舰队司令陈季良率海容、应瑞等八舰在闽海洋面操演各项船阵，由新聘英国海军（上校）古乐门代将担任总教练官，操演各项船阵。“九一八”日本进攻东北沈阳驻军之事变时，舰队正好都集中在三都澳。中秋节左右应瑞由三都开南京。

民国二十一年一月二十八日，淞沪战起，应瑞军舰奉令开驻南通警戒，我们在舰上继续修习枪炮课程，四月间作沿江巡航，借使练生熟悉港道形胜，所经地点与前届练生所历略同（见本书附录赵梅卿《京汉江巡日记》），从南京下关，至芜湖、大通、安庆、湖口、九江、黄州、汉口，然后由汉口返至湖口，练生分派参加鱼雷游击司令王寿廷率领民权、大同、自强、湖鹏、湖鹰等舰在那里的会操及演习鱼雷。

六月一日应瑞舰在南京下关，练生全体前往挹江门内参加海军部成立三周年纪念，数日后应瑞奉派为军委会蒋委员长座舰，护送委座及夫人赴汉口，航次小孤山曾小停，我随节登览山寺，读寺联“立定脚跟，那怕天风海浪，放开眼界，且看楚

水吴山”，启示良多。

二、南京水鱼雷营

在应瑞练习舰一年以后，我们全班便调到南京草鞋峡海军水鱼雷营来学习鱼雷与水雷。草鞋峡的对面便是八卦洲江面，海军鱼雷艇经常在这里实习演放鱼雷。鱼雷营营长系常朝干，副营长为林秉来，营中有何希琨教官等。鱼雷营也就是以前的海军雷电学校，雷就是鱼雷水雷，电就是无线电，海军的无线电官都是在这里训练的，我们在鱼雷营中除学习水鱼雷外也要练习灯号收发，教我们收发的是无线电教官沈琳。

三、通济练习舰南巡

民国二十二年二月全班派通济练习舰续习舰课。

通济练习舰是光绪二十年（一八九四）甲午年在福州船政局建造的，因其舰龄已老，所以大家都称它为“济伯”，应瑞与肇和系同型的巡洋舰，都是民国二年（一九一三）英国建造的。通济舰长为陈永钦，副长郑大澂，大副有梁序昭与林赓尧等，他们都是兼任练生的教官。舰上教船艺的林教习，曾参与甲午中日海战，年纪最长，经验最富，所有舵令名词多是洋泾浜英语。

通济、应瑞两舰，均隶属于练习舰队，司令为陈训咏。我们到舰不久，海军部便派鱼雷游击队司令王寿廷率通济出海南巡，专为练生练习而行。于二月二十日自吴淞起程，经定海、象山、台州、三都而至马江，沿途由教官指示练生观测形势及海面港湾水流等，舰经马江时，练营毕业信号练兵亦随舰实习练习，自马江经平潭岛至金门，再由金门、南澳、铜山以迄厦门。然后由厦门回马江，前往罗源、三都、沙埕、南关、三门湾、普陀等处巡航，于四月七日返沪，南航地点与状况与上届同学所历略同（参阅本书附录赵梅卿《南航散记》）。

民国二十二年七月舰课毕业考后，全班分派各舰为少尉见习生，我很高兴派到应瑞军舰见习，一切都是熟悉的。

四、应瑞舰见习——闽变

民国二十二年十一月李济琛、陈铭枢、陈友仁及十九路军之蒋光鼐（当时任福建省主席）、蔡廷锴（时任福建绥靖主任）组织生产党，在福州发表通电宣布成立“中华共和国人民政府”，以蔡廷锴为“人民革命军总司令”，人民政府派员向海军马尾要港司令李孟斌要求一致行动。海军部令李孟斌率江元、楚观两舰开往三都，令饬海军学校员生全体迁移南京海军水鱼雷营上课。十二月十五日中央政府下令讨伐叛军，海军增派王寿廷司令率舰开三都会同李孟斌司令妥筹方略，复派第一舰队司令陈季良驻三都主持海上夹击任务，中央以蒋鼎文十四路军为主分三路入闽，其由海道入闽者，均由海军舰艇掩护登陆，嗣十九路军因建瓯方面受中央军之包围，后方队伍动摇，海军亟令李孟斌率楚有、楚泰两舰于十二月二十三日进入长门，将长门各要塞及马尾次第收复。

民国二十三年一月十日海军收复厦门，十一日海军部长陈绍宽乘宁海舰抵三都，陈季良司令即率应瑞等舰兼程向福州推进，十三日舰队及海军陆战队先后集中省垣，十五日福州城台完全收复。应瑞舰旋即沿海追击至兴化湾，在那里监视蔡廷锴部之归诚人员装备登儎于万象商船，再押送至吴淞改编。

“讨伐闽变之役”算是我的军官战历调查表的第一项纪录。闽变敉平后，海军学校复由南京迁回马尾照常上课。

五、应瑞舰航海员

民国二十三年二月海军裁撤鱼雷游击队，司令王寿廷调任海军练习舰队司令。二月间应瑞舰在南京八卦洲与宁海、海容、海筹、逸仙、中山、自强、大同等舰会操，由应瑞林元铨舰长督操，三月下旬改由练队司令王寿廷督率指挥，五月五日舰队离南京经吴淞口北航沿海操演，其时我已由少尉见习生升为应瑞舰中尉航海员，就是过去所称的航海三副。

会操各舰在青岛、威海卫、烟台、登州、庙岛、长山岛、大沽各地均曾停泊。在青岛时市长沈鸿烈，第三舰队司令谢刚哲曾设宴接待王司令及会操各舰长，长山岛海滩小石跟南京雨花石一样的可爱，大家都选拾一些作纪念。会操南航途中我奉派赴英留学，经烟台时奉准先离应瑞舰，乘顺天号商船赴沪，向高昌庙海军办事处报到。

第四讲　留学英国

一、福乐必赐舰练习生

二十三年七月，我率航四同学刘荣林、林葆恪、游伯宜、高声忠等一行五人乘坐英国轮船 Rajputana 号赴英国受训。沿途经香港、新加坡、槟榔屿、科伦坡、孟买、亚丁港、苏伊士运河、马赛，直布罗陀、坦吉亚等地，历经三十五日抵达英国伦敦。由我国派驻英伦之留学生监督史托福（Stopford）带领，向英国海军部报到。

留英学员之课程分为三个阶段：（一）第一阶段：练习生课程（Cadet Course）；（二）第二阶段：少尉课程（Sub Course）；（三）第三阶段：上尉课程（LT. Course）。第一、二阶段课程不分科，自第三阶段始分航海、枪炮、信号、鱼雷四科。英国海军于英国本土上有三个主要基地：Chatham（柴塘）、Portsmouth（朴资茅斯）与 Plymouth（普利茅斯）。九月初，我与另四名学员奉派在泊于泰晤士河口 Chatham（柴塘）基地之福乐必赐舰（H.M. S.Frobisher）接受为期一年之舰训。

福乐必赐舰属重巡洋舰型，排水量一万吨，航速颇大，每小时可航三十海里。当时同驻该舰受训者有三个来源：（一）Dartmouth Cadet：Dartmouth 系英国南部培育海校学生之主要基地，相当于我国之海军学校；（二）Special Entry Cadet：英国商船学校学生；（三）外籍与英国属地（印度、加拿大、纽西兰、澳洲等国）之海校学生。所有练习生依舰体区分混合编组为四队：（一）舰首队（二）舰尾队（三）舰腹左舷队与（四）舰腹右舷队。各队设队长一人。我被编入舰腹左舷队，队长为 Noble 上尉，他系英国海军将官之后，民国二十六年中日战启，我自英返国加入抗日行列，Noble 升任中校驱逐舰长，参与第二次世界大战。战后先后出任英国国会议员，外交部官员。民国三十六年，我到英国接舰，曾到英国国会访问他，一九五五年我担任“驻美海军武官”，适 Noble 担任英国派驻联合国代表，两人曾再度见面。

海军指挥官任务甚为繁重，故当其为练习生时，课程阶段中编排了“船艺”课程。作息操作皆同于水兵，训练每一位学员熟悉基层实际工作，其内容包括：（一）船舶避碰章程；（二）锚链操作（单锚、双锚，接锚、起锚、解锚之技术）等；（三）操舢板演练：如施放舢板（Sampan），学员于水手长吹号集合后协力施放舢板，再缘绳索下船，进舢板，实行划船训练并作体力训练，复攀绳上船，收回舢板；（四）军舰泊岸时，进行陆战（Landing Party）课程与运动课程。各队分数个班排，以步枪、机关枪就地演练之。至于一般学科则于舰上大餐间分组上课。

福乐必赐舰上之受训学员依照规定之作息时间，每日清晨起床后，将吊床捆结，扛在肩上，依编号次序装入橱柜，始行盥洗。早餐用毕，开始例行之船体清洁工作。船体清洁工作，对兵舰之保养及学员耐心之磨练，十分重要，所以每星期日舰上有清洁比赛，届时学员们尤其着重清洗甲板与擦铜两项。过去船舰甲板皆属木制，学员们手持砂砖（Holy Stone）趴跪在甲板上洗刷甲板，用抹布擦拭后，再以橡皮板推干剩余水渍。此外凡舰上各部铜制品如门环等皆须擦亮。每日船体清洁后，则为上课时间。学员于午餐后有一两个小时自由活动时间，其余课程紧凑繁重，学员们轮班在机舱各部门实习。舰上亦无任何娱乐设施，我等于受训期间内没有任何娱乐活动，但是可以透过英国邮政总局与亲友通信。故通信便是消磨时间的方法之一。亲友来信须书明受信者姓名，下附福乐必赐舰舰名即可。如

T.C. Tsen

H.M.S. Frobisher

C/O G.P.O. London England

英国邮政总局（G.P.O.）于收信后，即将信件送往该舰预定之停泊港口，待军舰靠岸后，再将信件交与收信者。英国部队没有检查信件的制度，所有信件可以立即送达舰上每名官兵。

每周日早晨，福乐必赐舰上的军中牧师（Chaplain）主持礼拜，而来自外国与英国属地之非英国国教徒学员，可自行组团在舰上其他角落举行自己的宗教仪式。

英国海军十分注重礼仪与服装。我与刘荣林等五人抵英后的首件要务，即由驻英留学生监督史托福率领，赴专门制作海军制服的军服铺 Gieves 量身制服。英国海军制服分数套，全部置于一防水铁皮箱内。依照英国海军服式规定，所有制服分套编号，再按号码搭配穿着。学员于各项任务出发前夕，必须按上峰指示穿着规定编号之服装。福乐必赐舰巡航地中海北非一带时，因为气候酷热，虽然舰上供应柠檬水补充人体内流失之盐分，舰上官兵依然闷热难捱。但因英国海军规定所有官兵一律不得打赤膊或仅着汗衫，故仍须穿着短袖衬衫、短裤与长筒袜。一般人见到抗战期间美国海军士兵有仅着汗衫者，但英国海军中则绝无此种现象。

（一）地中海、黑海巡航

参加英国海军舰训之 Dartmouth Cadet, Special Entry Cadet 与外籍、英国属地学员必须分别接受二、三、四航次之训练（Cadet Course）始算结业。巡航实习课程，除于海上实际演练各项操课外，同时借机实地勘察各地形势以及训练防御、进击等战技。

我第一次巡航旅程，为地中海、黑海。民国二十三年九月自柴塘（Chatham）起航，经直布罗陀（Gibraltar）、法国土伦（Toulon）军港、意大利那不勒斯港（Naples）、南斯拉夫都布罗尼克港（Dobrovnik）、希腊克里特岛卡迪亚港（Kandia）、希腊林诺斯岛妙都洛斯港（Lemnos Mudros）、土耳其的伊斯坦堡、巴勒斯坦现为以色列的海发港（Haifa），然后回航，经马耳他、阿尔及利亚、直布罗陀，于十二月中旬返抵英国柴塘港。沿途军舰每到一地靠岸时，学员可上岸参观。但是必须在规定时间内返队报到。

第一次巡航时我遍览了地中海各国风土人情，对希腊克里特岛的古文物，巴勒斯坦的死海印象最深刻。希腊林诺斯岛，位居达达尼尔海峡左侧，系第一次世界大战英国进攻土耳其的集结地。死海（the Dead Sea）位居巴勒斯坦南部，耶路撒冷东，水面低于地中海一千三百尺。因其地气候干燥，蒸发极速，积久遂成盐湖，含盐分约百分之二十五。海水比重极高，仰卧趴坐在死海海面上，皆不会下沉。上岸后，立即以淡水冲洗身上的咸水。

（二）西印度群岛巡航

福乐必赐舰第二次巡航为西印度群岛（West lndies）。民国二十四年一月自英国柴塘港（Chatham）出发，沿途经亚述群岛（Azores），百慕达群岛（Bermuda Islands）、巴贝多岛（Barbados）、千里达岛（Trinidad）、托贝哥岛（Tobago）、格雷纳达（Grenada）、圣卢西利（St. Lucia）、马提尼克（Martinque）、多明尼加（Dominica）、安地瓜（Antiqua）、圣陶姆岛（St. Thomas）、陶土拉岛（Tortola），再循原线于四月间返抵柴塘。此次巡航期间，有两事可记。其一，曾经对遇难船舶施予援救。时值隆冬，大西洋风浪起伏，福乐必赐舰甫航不久，立即收到邻近大西洋西面油轮 Valverda 号拍发的 SOS 求救讯号。Valverda 号因机件故障，已漂流海面多日。本舰舰长于接讯后，立即航向该轮并下令全舰官兵协力抛掷钢缆，施以拖救。Valverda 号船员奋力接住锚链，固定于船身后，由福乐必赐舰拖曳航行。惟因风浪过大，未几，锚链即告断裂。本舰船员乃再度掷钢缆拖曳之，终将该油轮拖到距离最近的百慕达岛进行维修。同学林君曾以八厘米摄影机拍摄整个营救过程，提供美国新闻记者播放，意外地获得一笔酬金。而福乐必赐舰全体船员亦因参与此次救援，各获颁若干奖金。

其二，为帮助陶土拉岛救护森林火灾。时值三月初，福乐必赐舰返航经陶土拉岛（Tortola）时，忽见岛上灌木林着火起燃，情势危急，全舰官兵立即下船参与救火工作。该岛因缺乏水源，无法以水施予灌救，大家只能以木棍击火而熄灭之。

西印度群岛居民多为黑人。各岛屿以种植甘蔗、香蕉，捕鱼为生。时惟千里达岛有华侨居住，近来该岛已发展为度假观光胜地。

（三）北海、波罗的海巡航

福乐必赐舰第三次巡航为北海（North Sea）、波罗的海（Baltic Sea）。民国二十四年五月自柴塘起航，经苏格兰罗西斯（Rosyth）、丹麦哥本哈根（Copenhagan）、挪威奥斯陆（Oslo）、卑尔根（Bergen）、特伦汗（Trondheim）、英国最北端斯卡普岛（Scapa）、格林诺克（Greanock）、普利茅斯（Plymouth）、朴资茅斯（Porstmouth），再自朴资茅斯港循原航线驶返柴塘。全程历时三个月。

此行所见可述者：

（一）丹麦民风淳朴，人民亲切，市街整齐。哥本哈根市政当局特别为骑自行车之民众在路侧开辟自行车专用车道，全市交通秩序井然。丹麦青年活泼好客，他们自愿带领福乐必赐舰船员参观该市名胜古迹。本舰停泊哥市期间，我驻丹麦罗公使曾以餐点招待本舰华籍学员。

（二）挪威地处高纬度，气候酷寒。特伦汗（Trondheim）市纬度高达 63.5 度，邻近北极圈（纬度 66.5 度），属冰河地形。全年昼夜平均各为半年。首都奥斯陆维京船博物馆（Vikingeskipene）颇负胜名，其中展列有在奥斯陆峡湾附近发现的三艘维京船：奥塞柏利号、哥克斯坦号、图耐号。

七月中旬，福乐必赐舰驶返朴资茅斯港，适逢英皇乔治五世（George V）登基二十五周年，英国举行海军大校阅，福乐必赐舰亦参与校阅大典，英皇乔治五世乘坐皇家游艇巡航校阅舰队。其时，英国各盟国皆派遣舰艇参加校阅，如日本即派了巡洋舰“妙高”号，我国则未有舰只参与此一盛典。

（四）英伦群岛巡航

福乐必赐舰的巡洋航线原先固定为地中海线、西印度群岛线与北海线。民国二十四年因意大利侵略阿比西尼亚事件，使地中海紧张情势升高。福乐必赐舰乃奉命更改航线，于二十四年九月自柴塘出发，环行英国本土三岛（Home Cruise）。沿东岸经罗西斯（Rosyth）、丹地（Dundee），北至科克涡（Kirkwall），再沿西岸经康布顿（Campetown）、法尔茅斯（Falmouth）、海峡群岛（Channel Island）的巩西岛（Guernsey），然后循东北线在十二月驶抵柴塘。参与此次巡航之我国练习生，有七名系民国十九年北伐成功后第一次全国招考之学生，初到英国者，如魏济民（嗣后出任海军官校教育长、校长）、柳鹤图（嗣后出任“武官”、“大使”等职）、常香圻、萨师洪、魏行健等。魏行健于民国二十七年十月在中山舰阵亡。

二、少尉课程

根据英国海军部规定，海校学生于练习生课程结业后，必须派赴军舰接受见习生（Midshipman）训练课程。但是有鉴于外籍学生留英时间有限，故自民国二十四年开始，中国留学生免受见习生训练课程，而于练习生课业结业后，直接接受少尉课程。二十五年一月，我与同期另四名中国学员展开第二阶段的少尉课程。先后于格林威治的皇家海军学院（Royal Naval College），及朴资茅斯皇家海军兵营（Royal Naval Barracks）、皇家航海学校（H.M. Navigation School）、皇家枪炮学校（H.H.S. Excellent）、皇家鱼雷学校（H.M.S. Vernon）等五个学校受训。

（一）皇家海军学院位于闻名于世的格林威治天文台所在

地，本校分设各阶段军官干部教育班（其中有特为即将出任国防大臣之将级干部所开设的高阶班）。我于本校接受少尉课程训练，始自民国二十五年一月以迄是年七月底。课程内容包括数学、物理、力学、航海、化学、战史、一般参谋作业等。而英国海军之战争课程，外籍学生则改修习法文。

（二）皇家海军兵营：本校修业期限为一个半月。课程内容包括体能训练课程（PTI），如游泳、攀绳、木马等各项体能训练与一个月的少尉级信号课程（Signal Sub Course）。训练十分严格。

（三）皇家航海学校，亦用原练习舰 H.M.S. Dryad 号为校名。我于本校接受两个月的少尉级航海课程训练。

（四）皇家枪炮学校通用原练习舰 H.M.S. Excellent 号为校名，校址位于鲸鱼岛（Whale Island）。我于二十六年一月迄二月在本校接受枪炮训练课程。

（五）皇家鱼雷学校：本校亦沿用英国旧舰“Vernon”号为校名，校址位于朴资茅斯。我于本校接受为期二月的鱼雷、水雷、电学等课程。

三、上尉课程

留英第三阶段在皇家航海学校修习航海专门上尉课程。

自二十六年五月起迄十月底结业。其中曾先后在校舰 H.M.S. Kellet（Sheerness），及海军部罗经观测所 A.C.O. Ditton Park（Slough）接受驾驶、气象、测量、罗经等专业课程。其中，测量学系就英国海校所在地 Darmouth 港进行实地测量。

上尉专门课程结束时，国内已展开全面抗日作战。

四、旅英琐记

（一）英伦耶诞

民国二十三年十二月中旬，福乐必赐舰结束地中海巡航之旅返抵柴塘，适逢耶诞期。全体官兵放假两周。我遂寄宿邻近海德公园（Hyde Park）的代将旅馆（Hotel Commodore），利用假期经常赴海德公园骑马划船。海德公园内靠近举世闻名的大理石拱门（Marble Arch），园地是英国式民主最好的表征处所。任何人都可以在那里发表意见、批评时事，台下的听众可以反驳之，唯不论演讲或听众都很守秩序，绝不使用暴力。人群中若有不安迹象显示，警察会立即出面予以制止。演讲坛上虽然可见共产党员公开宣传共产主义，但是因为英国社会福利办理得宜，共产主义在此地并未得到民众回响。又因为英国王室深受民众爱戴，故不见有任何攻讦谩骂王室之事。

其时第一次欧战的阴影业已消失，英国国力强盛，全国正处于升平之时，民间对耶诞节庆十分重视。各旅馆饭店举办各种餐会、舞会，热烈庆祝。新年前夕，群众聚集 Piccadilly 广场，待教堂“十二时”钟声一响，喇叭齐鸣，烟火缤纷，人们互相拥抱，齐唱骊歌，迎接新年的来临。

（二）康德黎长子

二十四年四月，我第二次巡航旅程归来，适逢复活节假期，我与其他几名同舰受训的中国留学生应邀至英国巡洋舰 Achilles 号舰长康德黎上校宅中度节（此舰长即孙中山先生的老师康德黎之长子）。其家在 Kent，亦即孙先生曾经住过的康德黎先生的老家。相聚一日，畅谈中国时事。记得当时我曾计划在返国后购买一套《锦绣河山》（上海良友公司出版）与有关国父之著作寄赠康德黎长子作为纪念。但受中日战事之影响，一直未能实现这个愿望。一九六五年双十节，康德黎次子（英国陆军军官）应邀参加国父百龄纪念，我曾与他晤面。据他称，其长兄已经故世矣。

（三）单车环岛行

二十四年七月杪，福乐必赐舰第三次巡航甫告结束，我征得留学生监督史托福之同意，利用二十余日的暑假假期，展开单车英伦环岛行。先特地购买了一辆英国制的自行车，然后自伦敦出发，沿途经剑桥（Cambridge）、曼彻斯特（Manchester）、布拉克浦（Blackpool）、利物浦（Liverpool）、威尔斯的加地夫（Cardif）、帝防港（Devonport）、南安普顿（Southampton）、朴资茅斯（Portsmouth）、不来顿（Brighton），全程共计一千零六十英里，平均每日车行五十英里左右。旅程中多投宿青年寄宿舍（Youth Hostel Association）。YHA 采会员制，会员于缴纳七先令会费入会后，便可在英国全国分设的 YHA 投宿。YHA 房舍多系旧式民房或磨坊改建而成，空间宽广而收费便宜。部分 YHA 可提供餐点供旅客食用，有的则提供旅客自炊设备。来自世界各地的旅行者，晚上多聚集在 YHA 的 Common Room 会客室，畅谈各国见闻，交换旅行经验，并互换地址，结为好友。若遇 YHA 房舍客满，我则投宿专供单车旅行者住宿的 CTC 旅店。倘若不巧 CTC 也已经客满，则 CTC 的招待人员介绍当地农家可供备宿者，其收费较 YHA 与 CTC 稍贵，但更可了解英国的乡村生活（参看本书附录《英岛踏车记》）。

（四）英国皇室几件大事

旅英期间碰上英国皇室几件大事，首为肯特郡（Kent）君爵与希腊公主玛莉娜的结婚大典，次为英皇乔治五世登基二十五年庆典，再则乔治五世逝世（一九三六年一月）的丧礼，接着便是爱德华八世即位典礼，不久爱德华八世因与辛普森夫人之婚姻事件让位于其弟乔治六世，即为人所称道的不爱江山爱美人的事。民国二十五年（一九三六年）十二月乔治六世即位，民国二十六年五月乔治六世登基大典，我国派孔祥熙、陈绍宽两氏为特使来英庆贺。

（五）军事学术研究会

留英期间，中国陆海空军同学组有军学研究会，经常有聚会。会员有余伯泉、林文魁、陈延镇、胡光熹、皮宗敢、唐君铂、吴文权、黄占魁、唐保黄等等。唐保黄是中央军校八期生，又是电雷学校第一届毕业生，民国二十五年八月同往柏林参观世界奥运会时，他谈了些电雷学校情形，他不同意欧阳格教育长每晚召他讲话的内容，所以他决定恢复陆军军官身份留英。

第五讲　抗日作战

一、由英回国

自九一八事变以来，我国屡遭日寇挑衅侮辱。国民政府为了暗中培养国力，对日本连续的侵华暴行，一再忍气吞声。爱国的学生与民众们不了解政府的政策，心情都十分沉闷。二十六年“七七”卢沟桥战事揭幕，接着“八一三”上海抗敌，国府发表声明，牺牲已到最后关头，此后一定抗战到底。消息传到英国，中国留学生们无不慷慨激昂，因为可以抬起头来告诉英国人士：“我们要抗日！我们要抗日！”

十一月初，我一心想早日回国加入对日抗战行列，不待领取毕业证书，立即乘船起程返国，参加抗战，途经西贡时，中国驻西贡领事馆领事周尔燻（福建人，曾与周书楷在重庆外交部共事）。招待在堤岸的中国城吃饭。那个时代的年轻人大多随身携带签字簿，我于临去前夕，周尔燻嘱题手册留念，我在他的签字簿上摘录《革命先烈文艺集》上吴禄贞的一段词作为留念："十年苦别离，满腔情绪同是天涯……匈奴未灭，何以为家！"于是互道珍重告别，直航香港。在香港理发后，再搭船赴广州，北上途中并写好遗书。至广州，即转乘火车前赴岳阳（那时海军部在岳阳）。不料，火车在英德黎洞出轨，我与同行的友人被迫重返旅馆，等到出轨现场清理完竣，复乘火车赴程。当时我们买的是卧铺车位，除了与我同行的两位伙伴以外，另一名乘客是自上海返汉口的大夏大学毕业女生，她在车厢内高唱《斩经堂》，高亢悲壮，令我印象十分深刻。

十二月底，我到岳阳海军总司令部报到。海军总司令陈绍宽因为我们对返国之事，未于事先报告海总部，径自起程，仅在返程中经法国马赛时拍电呈报，很不满意。他说："小孩子怎么自己跑回来了呢？抗战并非一朝两日的事。我现尚在继续派遣留学生赴德国学习潜艇课程，你们倒自己先跑回来了！浪费了时间与金钱！"

二、驻防岳阳

我于报到后，奉命以中尉候补官衔派驻楚同军舰任职，驻防岳阳。二十七年一月，曾赴汉口一趟，影印英国航校的课程讲义。并赴照相馆拍摄身着京剧戏服的相片，寄给英国友人作纪念。犹记当时汉口市街上到处设有“上前线去，义无反顾，安定后方，责无旁贷”、“惧怯畏缩，必然失败，沉着应付，乃能成功”等牌坊，充满了抗战气息。

二月二日，我奉命升任江元舰中尉代理枪炮官，仍驻岳阳。依规定，枪炮官应由上尉阶级干部担任，但是因为海军培训的人才有限，致发生缺额的现象，我遂以中尉官阶代理之。二十七年三四月间，敌机沿长江各段施行轰炸，我海军军舰于各区实行布雷巡防，牺牲很多。江元舰系海军炮舰，其任务相当于高射炮防空，泊江岸侦伺敌军来袭，很少开往他处，故这段期间，任务比较清闲。四月九日佳友节，曾在岳阳再会十年堂庆祝。

假日或游览岳阳附近名胜如：鲁肃墓、小乔墓、岳阳楼与洞庭湖中的君山等。岳阳地临湘省东北，当洞庭湖入长江之口，为湘省水道咽喉。岳阳楼在岳阳城西门上，扼江控湖，气象非凡，此楼在宋庆历年间，巴陵郡守滕子京予以重修。范仲淹曾为作记，是一篇有名的文章。洞庭湖为我国第一大淡水湖，湖面宽广，今湖南湖北两省境内湖泊相联，古为云梦大泽，今之洞庭湖实其遗迹。湖中之君山，上有庙祀湘君。湘君乃尧帝两女，娥皇与女英，同为舜妃。相传舜南巡，崩于苍梧，两妃闻讯南下，招魂无处，泪滴青竹，至今君山之竹依然点点斑痕，莹莹如泪，称为湘妃竹。

民国二十七年五月一日，我奉调顺胜炮舰（舰长何天宇）中尉副长，往来湖南湘潭与汉口之间，为军事委员会运送物资。

三、保卫大武汉

民国二十六年十二月十三日，国军退出南京，抗战转入第三期。我军于退出南京之后，武汉便成为我国政治及军事中心，在整个战略与政略上，必须予以保卫，此时（二十七年）海军所采取的战略，为要塞战与阻塞战配合使用。一面于马当、湖口设防，另拨海炮一部分在田家镇，构成长江第三道防御线。一面于武汉门户之葛店，设立武汉区炮队，亦择地安装海炮，并配备相当兵力，须组织布雷游击队，将汉口以下九江以上各航路标志，逐段毁除，以阻敌舰西犯。而于田家镇半壁山间，蕲春岚头矶间，黄石港石灰窑间，黄冈鄂城间，均划作雷区，各区附近皆分别划若干辅助雷区。另于两岸适要地区，构成掩护阵地，俾资联系。

二十七年八月六日，我奉令离岳阳顺胜舰，到汉口海军监造室报到，接管电雷学校撤销后拨交海军总部的三艘快艇。但海总旋又将快艇移拨广东余汉谋部，我乃受命另组布雷别动队——即敢死队。监造室主任曾国晟面召我，指示布雷别动队之任务，首须通过汉口至九江我海军敷设之水雷区，赴前线敌占领区布放漂雷，任务艰巨危险。我向曾国晟表明心志，纵然任务艰险，仍极愿担任别动队队长。受命以后，我先自三十名志愿应征队员中挑选十六名队员，向民间船家征购了两艘驳船，以一小火轮拖载之，上置六十个漂雷，于九月自汉口起航沿长江而下。行前，独自赴汉口中山公园书写遗嘱，托同学张雅藩请代为办理事后。当时心中感慨万千，热泪涔涔，于今思之，豪情犹在。

九月一日，别动队自汉口起航，为避免敌机之搜索轰炸，沿途均昼伏夜行，经黄冈、鄂城、黄石港、蕲春越出数道雷区后而抵田家镇。我曾在田家镇骑驴视察沿岸地形，探知敌舰多在新洲之南抛锚，乃决定在敌舰上驶巡弋之时，布放漂雷，予以迎击。八日晚雷驳由田家镇拖至富池口，十一时许，鲤鱼山下游突闻炮声，并发现火光闪烁，知敌舰已上驶在龙坪武穴间，向马头镇炮击，别动队立即乘机自鲤鱼山出发，暗中接近敌舰，将漂雷抛布中流，达成任务后乃放弃驳船，改乘小火轮沿原线驶返汉口。途经蕲春，队员上岸用餐，见居民房舍空无一人，盖居民皆已逃难避往他处了。

记得在八日晚间出发前夕，二艘驳船船主父子俩分别私下求见我。一艘船主的儿子恳求我说："父亲年岁已高，今夜可否由我代父出征？"而另一艘做父亲的船主则请求我："我的儿子年纪还轻，是否可以不出任务？"我深为他们父子深情所感，准允他们先行离去。后来我们任务完成安抵汉口，这对父子在岸上迎接队员归来，状极兴奋。二十八年一月三十日，我因此次在布雷区任务执勤有功，蒙军委会颁给华胄荣誉奖章一座。

九月下旬，田家镇情势危急，海总部为增强防务，命我第二次东下布雷，预定于黄颡口与沙镇之间敷设漂雷一百二十具。我与副队长周仲山及队员们自汉口起航，中途停泊葛店炮台，与监督葛店炮台视发水雷安装的张天浤学长（江苏人，烟台海校寄闽班，高我一班）相谈甚欢。未料，数日后我执行任务返航再经葛店炮台时，却闻张天浤的噩耗，他已于九月二十五日被敌机轰炸阵亡。

九月二十九日深夜，我率领队员在黄颡口完成施放漂雷后，弃驳船，亲驾小轮驶返汉口。三十日天未明行经田家镇附近的海口堡时，遭岸上日军开枪射击，一颗子弹击断了我的左前臂，穿过肚皮，紧贴腹膜而过，幸亏右边腹侧配挂手枪盒，阻挡了子弹穿透右肘，右手幸而无恙。当时只觉得左臂有撕裂疼痛感，肚皮亦觉温烫，跌坐甲板上。副队长周仲山连忙上前将我扶住，我忍痛撑着自己走入船舱睡下，命手下以红药水、绷带为我包扎伤口，固定左臂，并以绳子吊撑左臂，始稍觉舒适，当时还不知道手骨已断。船行至石灰窑，当地因开采铁矿，有一间小型医院，乃入院急救，院中仅有一两位护士守护，医疗设施亦不完备，臭虫很多。护士暂时以木板固定我的伤处，同行的队员乃打电话给海总部报告。汉口海军指挥部连夜赶派船只，于翌日清晨驶抵石灰窑，载我返汉口天主堂医院。第二天，经意籍医生以 X 光检验，才发现我左手骨业已击断，需要一段时间休养才能完全复原。我遂于该医院静养疗伤。住院期间，海军部长陈绍宽曾亲自到医院探视我的伤势。

四、伤兵之旅

十月间，沿江战事激烈，海军许多舰艇被炸，我的同学李长霖亦阵亡。双十节过后，武汉局势紧急，当时中央采焦土政策，武汉人力物力事先均予撤退或炸毁。十月二十日清晨，我看得很清楚，汉口市内已经没什么人了。天主堂医院以担架将我送到停泊在江边的湖隼艇上，再转赴湘阴慈善堂海军野战医院。湖隼艇很小，我的手以石膏护持，肚子也无法动弹，住在艇长的房间，途经金口时，中山舰舰长萨师俊着海军制服手持电筒上船探慰我。他很高兴地拍拍我说："好了！没关系，大难不死，必有后福。"稍停离去。未料，二十四日中山舰遭数架敌机炸射，萨舰长身受重伤，双腿折断，但神志尚清，犹自勉强发号施令。其时中山舰已失去控制随水漂流，萨舰长仍坚守守望台，各员兵以舰体将沉，强掖萨舰长下舢板。舢板刚离船不远，即遭敌机机枪扫射，萨舰长中弹牺牲。舰上官兵多人（如留学英国的魏行健）亦壮烈成仁。

我在湘阴慈善堂之海军野战医院疗伤期间，肚皮伤口逐渐痊愈。乃尝试起床行走，但因卧睡病榻太久，腿肌无力，首次下地，竟然仆倒。第二日，始恢复正常。十一月初，城陵矶沦陷，海军部决定将海军单位由湘阴迁于辰溪（辰州）。海军无线电台、海军野战医院、部分海军档籍文册资料与海总部行政人员、常德水雷制造所职员家眷等，皆随之迁往辰溪。我同好友孟绪顺君，租雇一民船，将其岳母妻儿等送往辰溪安置。沿途经常德、桃源、沅陵溯江而上，驶抵辰溪。船经桃源时已知十一月十三日“长沙大火”的消息。我其时左臂骨伤未痊愈，但在航程中，尚能以右臂助船夫一臂之力，共同拉纤而行。抵辰溪后，我未再住院疗伤，仅定期到医院接受诊查。

辰溪地方不大，却不失为一个好地方。当地盛产柳橙，味美价廉。据云美国香吉士柳橙（Sunkist）品种，即系在华美教士引进辰溪（Sunki）柳橙培育而得名。辰溪复产朱砂，名曰辰砂，远近驰名。海军政工队与当地的青年学生们结合外地流亡学生组成歌剧队，经常于市街公演《再上前线》等话剧，激励人心。我曾经参加饰演伤兵角色。又记得在辰溪曾经发生一件趣事。一位即将分娩的太太，因为先生赴常德公干，她语言不通，生产时，由我充任医生的翻译，协助接生。

民国二十八年一月杪，海军部命我到重庆医左手骨伤，乃与海军部职员家眷同乘卡车经怀化县、榆树关、芷江、晃县、玉屏、镇远、黄平、马场坪、贵定，龙里、图云关、贵阳市、札佐、息烽、乌江渡、遵义、娄山关、桐梓、松坎、綦江、巴县等地而至重庆。因卡车车况不良，中途常需停车检修，故行进迟缓，全程历时多日始抵重庆。

此行沿途所见可述者如下：

黔省民生艰苦，俗谚“天无三日晴，地无三里平，人无三两银”，当地多苗民，他们通汉语，服饰与汉人殊异，平日耕种，多在赶集时与汉人交易。盐在黔省极为珍贵，市集盐贩皆以斤两称售，售价不赀，故黔省的餐馆多于汤汁烹饪完毕，再持岩盐块轻沾汤汁，立即完成调味。外地人士初入黔省，见苗民背负灰色石状之岩盐行走，常误以为石头。黔省境内亦多江西人，系明末避张献忠之乱迁来者。我此次播迁，沿途住中国旅行社的招待所，多在冠生园用膳。

玉屏县位于黔省边境，物产以洞箫、桐油、朱砂、水银等闻名。玉屏箫以紫竹为材。桐油则为我国战时的出口大宗。

二月三日，抵贵阳，投宿廉洁旅社，巧遇海军同仁郑大澂（通济练习舰副长）、许伯钦（司书），三人相谈甚欢。翌日同进早餐后，我起程北赴重庆，经阳关、札佐、息烽等地抵乌江渡。车行约两小时在乌江渡等候渡船时，贵阳市即遭敌机轰炸，郑许两人同遇难。

由乌江岸蜿蜒登山，经老君关等地，抵达遵义。遵义原隶川省，为黔省繁盛之区。名酒茅台，即产于附近茅台村杨柳湾，味特香洌，举世闻名。其时浙大、陆大已相继迁往该县境内，娄山关耸峙遵义县北，万峰插天，中通一线，为自蜀入黔之要道，形势绝险。自遵义至桐梓沿途卡车缘山蜿蜒而上，至娄山关一段，公路九曲始达其巅。在桐梓，我特地赴海军官校访晤昔日老师与同学。官校学生知我为国负伤，视我为英雄，纷纷趋前将我围住，询问前方战况，我曾为他们报告沿途所见与负伤经过。

重庆市位长江与嘉陵江之会合口，三面环水，宛如半岛，与江北县隔江相望。江北有交通大学（在唐家沱）、陆军军需学校、海军造舰班（在野猫溪）、海军军械所（在木洞镇），宽仁、仁济医院则在南岸。我停驻重庆期间，即住在仁济医院疗伤。

重庆为战时首都，当时气象蓬勃，工商发达。市内陡斜的坡道，不易行驶汽车，但有黄包车，并有独特的"滑竿儿"代步。这是两根竹竿间挂以软竹椅，由前后两人抬行的迷你轿。抬滑竿儿的轿夫虽在坡道行走，见不着地面，却始终健步如飞。他们乃是靠前后两人对唱，互告地势高低，踩何种步伐，以调节脚步之快慢、步幅之大小。重庆书报方面，有国民党创办的《中央日报》、《扫荡报》，与共产党所办的《新华日报》等，双方常有对立的文字。左倾人士邹韬奋开设的生活书店出售左倾书籍。惟一般国民多以《国民精神总动员纲领》相勉奋发。市上到处有《国民精神总动员纲领》中揭示之："国家至上，民族至上"；"军事第一，胜利第一"；"意志集中，力量集中"；"醉生梦死之生活必须改正"；"奋发蓬勃之朝气必须养成"；"苟且偷安之习惯必须革除"；"自私自利之企图必须打破"；"纷歧错杂之思想必须纠正"；"有钱出钱，有力出力"等口号标语，由此可见当时民气之一斑。

五、再上前线

民国二十八年四月初，我以臂伤痊愈，奉命赴宜昌向第二舰队司令曾以鼎报到，暂时占甘露测量舰上尉测量员缺。沿途经涪陵、万县、奉节，而入长江三峡。奉节地当川鄂要冲，扼三峡之西，城东有白帝城，三峡中的第一峡瞿塘峡在此。白帝城为蜀汉刘先生托孤之处，东南有诸葛亮八阵图遗迹。瞿塘峡亦称夔峡，因其形如风箱，当地俗称风箱峡。由此向东，便是三峡中最长的巫峡，又名巫山峡，西岸山壁峻峭。峡中最胜处为巫山十二峰。自巫山东行有米仓峡，亦称兵书宝剑峡，据传诸葛亮的兵书宝剑藏在此处。过峡不久，为新滩。新滩又名青滩，与泄滩、崆岭滩并为三峡三大著名险滩。新滩下游为崆岭峡，又名牛肝马肺峡。东行过黄陵庙以后，下游自南沱到石牌溪间的峡谷，称做灯影峡。自石牌溪到南津关间的峡谷，叫做黄猫峡。灯影、黄猫两峡，也就是通称的西陵峡。长江三峡，西自白帝城始，东至南津关止。江流所过，湍急险恶，帆船下航捷速如飞，惊险万分。而上航者则须多人拉纤，一、两百名拉纤者齐声呐喊，十分壮观。

甘露舰系由外国游艇改装的测量舰，设备完善。其时泊于南津关附近。舰长梁同怡奉命另有公干，舰务由副舰长罗嘉惠代理。我虽然名为甘露测量舰上尉测量员，事实上并不在甘露舰上办公，而是在曾以鼎司令处服务。其间仅赴甘露舰洽公数回而已。曾以鼎司令借重我在长江下游布雷的经验，要我于宜昌巴东间勘定布雷队据点站，以便敷设雷区。我于四五月间，勘察沿江地形。时值夏季，长江水流湍急，过宜昌以上，无汽车通行。沿途皆缘江边小径步行而上，分别于庙河、泄滩等处选定三处地形险要且易于运输之地为据点。呈报曾司令，由曾司令派布雷队驻防。此次执勤期间，曾分别于石牌访晤要塞第一总台长方莹上校，与陈赞汤学长（石牌炮台总台附）及在泄滩访晤要塞第二总台长曾观瀛上校与王世流兄等，在黄陵庙与老海军黄海清等人相遇，在宜昌还碰到宋长志（时甫自青岛海校毕业）。

我于疗伤期间占缺甘露测量舰上尉测量（自二十八年一月一日起，迄五月三十一日），随后职称改为布雷队第三分队上尉分队长（二十八年六月一日迄十月三十一日），先从事择定布雷站之任务，达成戡定布雷站地点任务后，始赴红花套就任布雷队长。红花套在宜昌宜都两县之间，对岸地名曰“古老背”，地势平坦，相传为三国时代火烧连营之处。正式就任宜沙区布雷大队（大队长韩廷杰）第三分队队长，执行施放固定水雷任务。友人以我与大队长并称为“天地二杰”。驻红花套这三四个月期间，随时备战，生活十分枯燥。

六、皖南赣北游击

二十八年六月，政府撤销海军新舰监造室，改为海军水雷制造所，由曾国晟为中校所长，外设香港、桂林、长沙三个办事处，辰溪、贵阳、龙州、海防四个转运站，派薛家声为海军布雷队中校队长，其下分设五个大队。是年冬，各战区遵第二次南岳军事会议中蒋委员长指示转守为攻之战略部署，统帅部对第三战区下达之要旨命令为："第三战区应以主力约十一个师，截断敌长江之交通，分由湖口、马当、东流、贵池、大通、铜陵、荻港间，伺隙进攻，一举进袭江岸，占领沿江阵地，以轻重炮兵火力及水雷，封锁长江。"海军总司令陈绍宽乃策划实施漂雷游击计划，将长江航道上自监利，下至江阴，划成三个布雷游击区，第一个布雷区为监利至黄陵段，第二为鄂城至九江段，第三为湖口至江阴段。各游击区之作战，为无定时无定所之钻隙乘虚布雷，以击毁敌舰商船与运输船只为旨。上项计划先以湖口至芜湖段作为布雷游击地带，由海军长江中游布雷游击总队（三十年十月改番号为海军第二布雷总队）负责之。该队配属第三战区长官部，下辖五个大队，十一个中队。布雷游击总队部驻于战区长官部所在地江西上饶，而各大队则分配于二十三集团军所属各军师部。当时集团军之战斗序列如下：

- 第二十三集团军（唐式遵）
  - 第二十一军（陈万仞　刘雨卿）
    - 一四六师（石照益）
    - 一四七师（章安平）
    - 一四八师（潘　左）
  - 第五十军（范子英）
    - 一四四师（范子英）
    - 一四五师（佟　毅）
    - 新七师（田钟毅）

海军长江中游游击总队所属各大中队战斗序列：

- 海军布雷游击总队（刘德浦）
  - 第一大队（程法侃）
    - 第一分队（程　兼）
    - 第二分队（张鸿模）
  - 第二大队（严　智）
    - 第三分队（严　兼）
    - 第四分队（郑天杰）
  - 第三大队（郑震谦）
    - 第五分队（郑　兼）
    - 第六分队（黄廷枢）
  - 第五大队（林　遵）
    - 第九分队（林　兼）
    - 第十分队（陈炳焜）

布雷游击队各大队在作战方面与第二十三集团军各军师部相协同，陆续参加之主要战役有第一、第二、第三次长沙会战，浙赣会战等。在行政后勤方面受海总部及布雷总队部指挥。各大队附有轻便电台，使用手摇无线电机与重庆海总部，上饶总队部及各大队间构成通讯网。

二十八年十一月，我奉调为海军长江中游布雷游击队四分队上尉分队长（以后改称中队长）。自宜昌起程赴第三战区向第二十三集团军报到。此次行程，分别以船、卡车、火车与步行交替进行；经鄂湘粤赣浙皖六省，历时月余，始抵江西石门街。详细行程如下：布雷队自宜昌乘小火轮经宜都、枝江、松滋、公安、津市、西港抵达汉寿，再换乘海军运雷木船自沅江、湘阴、长沙、株州到渌口。复转乘火车经衡阳，至广东曲江，又换汽车到大庾岭赴江西赣县，至赣县后搭卡车经雩都、宁都、广昌、南丰、南城、玉山、金华、兰溪。复转乘木船经浙省淳安、威坪，又换乘汽车经皖南歙县、休宁、祁门，至赣北经公桥，然后步行一百二十华里，抵达石门街，由洞庭湖畔到鄱阳湖畔。

此行途中经沅江时与当地布雷队（常香圻在该队）聚餐。餐毕始知当晚一名厨子突发心脏病病故，大家都觉得很难过。至长沙时，长沙布雷队队长周仲山在天心阁附近请我们吃饭。天心阁甚雄壮，原为城楼遗址，有东、西、中三座，中间架天桥贯通。整段行程中，我对有"鱼米之乡"美誉之湘省印象特别深刻。其物产富饶，民风淳朴，山川之壮丽，非亲历者无法领略。洞庭湖水域广而深，多小港汊，可行汽船与小火轮，四通八达，极为便捷。湘省百姓亲切友善，对于赴前线抗敌的我们一行三十余人，每到一处歇息时，必盛意款待茶水。乡下地方多以炭烬烧水，以蓝花大碗盛茶。虽然碗中偶有炭灰屑，但民众之热忱可感，大家接碗后都一饮而尽。这次任务，因属公开性质，沿途我们都投宿客栈。赣省客栈多贴有"未晚先投宿，鸡鸣早看天"与"鸡声茅店月，人迹板桥霜"之对联，正是当时真实情况之最佳写照。

（一）永和洲布雷

二十九年一月三十日（夏历己卯年十二月二十二日），布雷游击队第二大队首度出发执勤，地点为湖口下游之永和洲江面。此次任务系由陆军第一四七师师长章安平指挥，使用兵力计陆军一个团，工兵队，与海军布雷游击第二大队。敌军以为黄茅塘当地湖水足以阻碍我们的进路，未料我们依然从容偷渡。距湖面六百公尺处即为敌人据点，山头有敌人的钢炮，火网交叉封锁湖上的所有航路。全队人马仅赖小船渡过湖边，越过山坡田野，经过山脚，来到永和洲江边，事前洽妥沦陷区的民船如约在江边静候。

布雷队员到达江边后，迅将漂雷装船，再解缆离岸，安置溶化塞，去触角罩，装上电液瓶，定好深度，分批施放。是夜，最后一批水雷到达江边时，已将拂晓。为使大队安全撤离，我向大队长严智报告，未完成之任务，由我率领四名队员继续完成。并决定于达成任务后暂时渡江留在江北望江，伺机返防。

其时，敌军正扬言开放长江，美国大使约詹森亦正乘舰巡视长江情况，我们在长江布雷，实有向世人宣告，长江水道并不安全之深意。第二大队此次布雷后，当晚在永和洲下游即有敌船舰被炸沉没。江面顿时紧张起来，敌机出动沿江低飞侦察。江面亦戒备严紧，驻守据点之敌军向沦陷区开炮示威。敌军汽艇成群结阵溯江而上，企图扫捞我方布置的水雷，敌军并于沦陷区内展开清乡。我与四名队员暂住陷区区长家中。第四日，经百姓探悉，敌军戒备似稍松弛。乃由他们护送我们步行到江边，南渡返防。时值严冬，渡船锚链陷于结冰之江岸，我们持船篙掘出之，始得成行，于晨曦中渡过长江。为免目标太显露，一行五人拉长了距离前行，沿途由带队之乡人领路，每人相距约四五十步。我走在前面，时在雪地上画记箭头，暗示四名弟兄行进的正确方向。不料一个多钟头以后，后面竟落伍了两名队友，我十分焦急，我方哨兵排长亦十分为其担心。不料，返回队部后，竟见落伍之两位弟兄已经先到一步。原来他们另由一位百姓带路，于途中遭敌军截留搜查。三人十分机警，告诉敌军："我们都是良民！"并出示良民证以取信之。该名敌军见三人穿着与一般良民不同，怀疑他们是中国军队。三人立即回答敌军："这是工作服，我们是做工的。"敌军借机搜刮三人身上的毛衣与所穿的胶底鞋，始将三人放行。游击布雷任务，十分艰巨危险。我每于执行任务抵达江边时，装一瓶长江水，拾一把陷区的泥土带返，内心感触万千。

（二）升任大队长

民国二十九年九月一日，我升任海军长江中游布雷游击总队第三大队少校大队长。三十年十月一日，改番号为第二布雷总队第三大队长。第三大队与第一大队原先分别配属于新四军当时为第四支队陈毅部。时第十八集团与新四军迭次袭击国军，中央乃将第三大队调迁第三战区。由我接任第三大队大队长职。据前任第三大队长表示，新四军中多知识分子，他们注重文艺、音乐、美术与体育运动，很能吸引年轻人。

（三）长沙会战

三十年秋，长沙酝酿一场会战，第三战区奉令对长江的敌军运输线，施以袭击，以相配合。而敌军在这一带之戒备亦予增强，因而我布雷工作更形艰困。有次布雷第二大队在湖口执行任务中被敌发现，敌以汽艇多艘向我工作滩头以机枪扫射，黑夜中布雷队虽能从容撤出，但队员甘敏被击中一弹，弹自下颚穿过左腮，竟未伤及牙床。又一次，布雷第一、五两大队在贵池方面配合陆军第五十军所部（按系一四四师或一四五师）在秋浦河发动攻势。以阵容庞大，被敌发现，双方在互战之下，布雷队强行进袭。不意于达成任务后撤退时，秋浦河南岸已落入敌手，船只被管制，官兵被困于田中，部分海军官兵被俘，部分冒险泅渡者，或被枪杀，或被拘获，敌军甚且在田地四角放火焚烧，并不时向田中射击。是役，我方第一大队大队长程法侃，队员蒋菁、王国贵及部分士兵被俘，布雷队员朱莘庄、范祥元阵亡，程法侃几被判死刑。嗣后以转报南京日军部，被日海军将领寺冈获悉，寺冈犹忆程法侃系其在战前受聘我海军部战术班教官时之学员，乃电前方将程法侃解送南京。因此得免一死。蒋菁为我海军留德学生，对拉丁文医药名词，应付裕如，故能冒充看护士，派在安庆日军医院工作，以迄胜利。至于王国贵则诡称百姓，于集中贵池审讯后释放归队。第五大队之陈炳焜、林巽遒、魏兆雄亦均负伤，陈炳焜胸部中一弹，弹从背出，竟未伤及内脏。事后据队员刘耀璇表示，他与队长林遵于战斗时，均藏匿于玉蜀黍田中，以敌寇放火，赤手空拳，无法冲出，乃露宿两昼夜，忍饥耐饿，滴水未入，后来觉情况似较安定，正试图逃出，就在此时有一名老妪持两大桶米饭与一盒酸菜，来到田间。此时他们眼眶润湿，感动之情，难以言宣。老妪并卸下围裙以备包起剩余米饭，以供藏于田中其他中国兵食用。故吾人在沦陷区，仍处处可见民众们的爱国赤心。

此后长沙数次会战，我军于长沙当面之湘、资、沅、澧各江密布水雷，有效地阻止敌人利用河道运输，达成了牵制敌军之作用，使敌仅能从事陆上作战，其优势海军不能长驱直入。由于沿江游击布雷对日军构成威胁，敌人一面将其警戒线向我方内陆推进若干里以图阻延我方进出路程，一面在沿江各乡镇大事搜索，进行清乡。并张贴布告，悬赏侦缉我布雷人员。日军据地既向我方推移，以限制我布雷行动，使我布雷工作者无法当晚出击拂晓撤离，确实削减了我们出击的机会，唯日寇兵寡备多，难作面的控制，而陷区同胞又自愿予我军掩护，在军民妥善的配合下，我们仍然可以当晚潜入，次晚遂行任务后，再行撤离，使日寇穷于应付，却也激起了日军在各地加强扫荡工作，故我等工作日趋艰难。

（四）游击生涯杂记

游击队于布雷行动中，若遭日军扫荡，掩护我队之陆军步兵立即施予反击，但因布雷行动多于夜间进行，敌军于黑暗中无法掌握我方实际人数，故不敢冒进，往往于双方相持个把钟头以后，敌军自行撤退。偶或因日军事先获悉我方之行动，拦截我游击队事先洽妥之船只。但是官兵仍以完成任务为重，虽天寒地冻，仍自动脱卸袄裤，纵跃下水，将所携带之水雷泅水推送至江心，而达成任务。

游击队每次执行布雷任务，都是在黄昏前用毕晚餐之后，自队部出发步行约四五十里抵达江边，此时多已近午夜，队员皆已感疲惫，乃以队部发放之干粮补充体力。其时担任掩护任务之陆军步兵们见海军人员不畏寒冷，甚至在严冬中在江中泅水，以为布雷队员吃的一定是一种御寒药，才能有这般的体能。

游击队赴前线出任务时，有时以农家晒谷用之箩筐充任睡铺，一箩筐睡五人，上下覆以稻草，以蔽风寒。以天气酷寒，曾有一队员因而冻毙。执勤行军中，每名队员以白巾系颈为记，便于后面之队员识别，不致迷途。前行的队员亦须不时发出“石阶！”“左（右）转！”……等警语，提醒后行人员注意。任务完成返回队部时，队员每因疲累已极，常有边行走边打盹的情形发生。

布雷队多寄宿祠堂、庙宇或逃难百姓遗下之空房舍中，生活尚称安定。使我至今印象深刻者，其时民舍之大厅多设有“天地君亲师”，或“天地国亲师”之牌位。各队队长与队员朝夕相处，同患难、共生死，亲若家人。大队长身先士卒，不但作队员之“亲”，并兼作之师，作之君。当时我们只有二三十岁，与百姓们相处很融洽。一般老百姓很欢迎海军，此因海军系中央军之故。三十一年，部署于皖南赣北的几个布雷队召开联谊会，一群年轻人聚在一起打球唱歌，于紧张之战时生活中，仍散发着我们蓬勃的朝气。

有一次，我曾寄宿皖省省政府秘书长某君家，此君家中庋藏许多古书。我平日没有什么特别嗜好，惟嗜读书，尤好读古书，故住入此家后，真如鱼得水。每以油灯照明，勤学不辍。于出任务时，亦随身携带书本，利用短短五或十分钟的休息时间阅读之。庄子“至人无己，神人无功，圣人无名”，老子“圣人常善救人，故无弃人，常善救物，故无弃物”之哲学，帮助我在抗战中忍受忧患煎熬。又曾国藩的座右铭“慎独则心安，主敬则身强，求仁则人悦，习劳则神钦”与孟子的“养生莫善于寡欲”之名训，让我体会到“诚敬、简朴、生产、服务”应为我此后生活之指标。

三十一年八月布雷总队部迁往福建建阳，我奉令赴总队部公干，乃顺道返家乡福州，这是抗战期间我唯一一次的回乡。自皖南起程行经赣省铅山入闽省越武夷山到崇安，再绕经南平、沙县而达福州。途中口渴时则削竹为皿，汲饮溪水。行近崇安时，夜宿公共汽车亭下，和衣而眠。沿途随兴而行，随兴而止。略能体会老子“吾所以有大患者，为吾有身，及吾无身，吾何有患”之意境。

布雷队的组织非常简单，队长之下为队员、士兵，没有军需等官员。所以队长队员须负领饷、发饷的工作。为了领饷，我经常带一名士兵，步行到屯溪中国银行领饷。屯溪与台湾早期的桃园很相似，附近的汤口为二十三集团军唐式遵总司令部所在地。唐式遵在黄山曾书一联“立马定东海，登高望太平”，词气豪壮。某年唐氏在汤口召开军事会议，提出“打倒日军要

‘忍’、‘等’、‘狠’！”的主张。

布雷工作十分危险，队员中多有家眷者，彼等倘或牺牲，其眷属势必孤苦无依。我彼时犹孑然一身，毫无牵挂，故每每身先士卒，以身作则，未料竟引起所属队长之误会，以为我爱争功。此实非我始料所及。

有一次，我布雷队为日军包围，全队人员不得已弃置随身携带的物品，奋力突围而出，但仍陷于敌军之大包围圈内，故补给不易，当时每人只背了一个小米袋，只能就地取材，削竹为碗筷，生火炊饭。但因缺盐，几天后每个人都觉得全身无力。三日后，补给盐始行运抵，大家以手沾盐吃，觉其味美逾于食糖。

严格说起来，川军（按唐式遵为川军刘湘部）之训练很不错，对中央海军亦十分客气。但是川军的补充兵源来自川省壮丁，壮丁自川省解送至赣省驻地时，沿途吃很多苦，常因食粮不济，致许多壮丁因营养不良而生病，有的甚且被弃于田野荒郊，生死无人照拂。部分壮丁于抵达赣省向队部报到后，因队部招待的餐食丰富，竟有蓦然猛吃而致胀死者。或因久未食油，突然食之，一时不易消化，纷纷泻肚。有一日，我在洽公途中，见一人仆倒土地公庙前，向前探视，见此人仍有一丝余气，遂命勤务兵将其带回队部，悉心照拂。不数日，此人身体日渐康复，我以之充任队上之勤务兵。

皖省一带地多贫瘠，尤其歙县一带，有一时候百姓竟以树根为食（取树根，去皮，以石臼捣碎之，用水冲洗，使浆汁沉淀，晒干后，再供食用）。对日抗战，我军民牺牲无数的生命财产，换得胜利。今天台湾能有如此繁荣富足的生活，不应忘记此乃大陆同胞牺牲无数的生命和财产所换来的。

游击作战以情报为先。沦陷区中多的是不愿做奴隶的百姓，即维持会、汪伪政府及伪军亦不例外。游击队员每次与之相晤，总能听到沦陷区的百姓说："我们骨子里都是中国人！"可见当时民心之归向。陷区百姓，不但提供我们情报、船舶，并以力和汗给我们不少的协助。他们中若干人之所以附于敌翼之下，实势非得已。盖国军既已撤退，陷区没人维持，以日军军纪之败坏，奸淫掳掠无所不为，若交由日军出面维护治安，情势将更恶化。他们为维持生存与社会秩序，不得不暂时屈于敌人铁蹄之下。抗战胜利后，中央拟定汉奸惩治条例，严惩附敌者，但我以数年亲身与陷区百姓接触之经验，深切了解他们多非出于自愿。悉以汉奸待之，并非公平。

七、驱驰湘筑渝滇

（一）报考驻外武官

三十二年五月，国防部考选驻外国武官，海军总司令部为我报名应试。我得令后立即起程离皖，赴重庆应考。其时我只有向南步行取道福建南平，再乘汽车而上。南平地当沙溪、建溪之会，两溪合为闽江东流入海。南平父老以当地水气过盛，特地在两溪交会处附近兴建两座高塔，象征“火”字，以镇水势。在南平，同学刘永仁（岳父陈培焜为福建财政厅长）请我护送其未婚妻陈东生（留日）赴辰溪完婚。我洽妥了一货运卡车，伴陈女同至辰溪，完成所托之任务。一路行来，已深感“前方吃紧，后方紧吃”的现象，社会风气已渐趋败坏。一般青年只想做生意致富，跑单帮、黄鱼车等投机行业十分盛行，显然社会风气已经转变。

我将陈东生交给刘永仁后，立即起程赴重庆应试。既至，才知考期已过，我遂向海军总司令部报到（其时海总部已迁设重庆丁家院），乘便谒见总司令陈绍宽。在此之前，我曾见过陈氏几次，但这是首次得与陈氏长谈。在长达一个多钟头的谈话中，我向陈氏报告前线作战的情形与个人的观感。曾就外界对海总部人员，多有“保守”、“古板”之批评一事，就教于陈氏。陈总司令说：“我在海总部内有权责管理这批人，所以将他们留任部内由我亲自管理。但是派驻外地的办事人员，我一定选派年轻者担任。”这次长谈，看得出来陈氏对海军的将来有难言之隐，他曾提到戴笠。辞别了陈总司令，我复前往浮图关国防研究院拜访曾万里（蒙巴顿将军之联络参谋），魏济民（山东人，航校低我两班）两位学长与学弟。

（二）担任联络官

三十二年九月一日，我调任海军总司令部少校候补员，派往辰州，作为美籍顾问纪飞浪（Gilfillan Edward）少校的联络官。纪氏原系大学教授，受美国海军征召，奉派为中美军事合作时期驻华之海军工程顾问（Consultiong Engineer），在辰溪指导磁性水雷之制造工作，磁性水雷为感应水雷之一种。纪氏并于海军工厂讲授电子课程。驻辰溪半年期间，我与他朝夕相处，公余之暇，时常登览邻近山峰，并教纪氏说中文。有一日，我于辰溪渡河上岸时，不慎跌倒左侧肋骨裂伤，由卫生中心院长何靖诊治。何氏别号立青，留德，民国二十四年汪精卫遇刺受伤，即由何氏主治。到台后何氏曾出任“总统府”医务室主任、海军医院院长。

三十三年一月，纪飞浪调驻北非服役，我亲赴昆明机场送行。此后两人虽不曾再见，但是常有书信往还。战后，收到他的第一封信，略谓：“此刻于新年之际，我与家人相聚，不禁忆及我们在辰溪相处的愉快日子。真希望你也在这里共享我们所准备的晚餐像往昔的日子。我尤其怀念你，我们相处的日子不可言喻。我们也时常谈到有关世界和平的问题。……当我离开昆明时，我有一半的心，留在中国，由你保管，希望有一天我再回到中国，自你手中拿回。当年我离开昆明后，续往西行，戎马倥偬，没有时间写信给我的朋友们。如今我已退役，每日在家中勤读中文（目前正研读四书），从其中得到了许多快慰。……前一阵子，我曾经赴日本一趟，我可以告诉你，日本发动残暴的侵华战争，是一个很大的错误。但是大部分的日本人与其他各国人民一样，都是善良的百姓。他们同样爱护他们的家庭，他们与我们一样，也有悲伤和快乐。我们不应憎恨他们。我衷心希望有一日我们能一起过着和平的日子。”以后的来信中，纪飞浪提到：“我离开昆明以后，先后赴北非、意大利、法国南部、菲律宾的美军两栖部队作战。战后，我随占领军到日本，并曾参与南太平洋的原子弹试爆。我常回想战时的一切，这个世界最不幸的事情是我们制造了原子弹……现在的世界不同于过去，我非常怀念我们相处的日子。……”

昆明气候宜人，四季如春，石路宽平，店房整齐，市民熙攘，足证安定。南门正义门南首横街曰金马路，马路宽坦，建筑崇闳，复有“金马”、“碧鸡”两大牌坊，东西对峙，正义门北正义路，为全城最繁盛处，商店栉比，当路矗立牌坊。坊南面题额“天开云瑞”，坊北面题额“地靖坤维”，金碧辉煌。在昆明期间，我投宿昆明励志社。有一日，昆明举行运动会，大会主席龙云不知何故，竟视我为贵宾，邀我上台观礼。昆明当地有我空军基地，我曾前往拜访好友张源渭（三角检字法的创始人，现在美）。

（三）调任人事股股长

三十三年二月一日，我奉调海军第二工厂（水雷制造所）人事股少校股长，兼负与驻厂美籍人员之联络。此外又主持第二工厂发行之《辰讯周报》编辑、印刷等一切事宜。芷江机场最主要的三个油库为海军工厂所设计、制造及安装。当时驻华美军士兵，吃住配给皆由美国政府负责，所以暱称他们为 GI（Government Issue）。

（四）中训团党政班

民国三十三年五月一日，我奉调中央训练团党政班第三十一期受训。团长蒋中正先生，教育长王东原，第一大队大队长邱清泉。受训期间一个月。主要为统一并考核各团员之精神、思想、行动之一致，以为日后遴选干部之依据。

中训团党政班训练十分严格。课程编排极为紧凑，多为精神训练，以口头讲授为主。在生活训练上，全部军事化。如用餐时，必须在“开饭”的口令下达后，始可用餐。餐毕，必须将餐具放置妥当始可离座。内务整理亦要求迅速整齐。

团员在报到前夕，各撰自传一份，项目格式页数皆须依照规定。团员都来自军、警、政、经各界，今中研院院士余南庚跟我同班受训。教官有俞大维先生（时为兵工署署长），孔祥熙先生等。俞先生到班示范枪法，十分准确。孔先生授课举例，令学员们印象深刻。他说：“你们一定要明白一个道理，最困难的事情不一定棘手。举例言之，集数人之力不一定推得动一头大水牛，但是若以一束稻草吸引水牛的注意力，它马上自动向前迎来。”此所谓“投其所好”是也。

八、汉口受降

（一）出任汉口海军处长

民国三十年十二月太平洋战争爆发以后，初期日军攻势频频奏功，占领地逐步扩增，但也造成补给线延长，不易维持的困难。后来美海军战力恢复，日本迭遭挫败，战火逐渐逼近日本本土。中国战场方面，我军收复密支那以后，自印度运来的补给物资不断增加。三十三年冬，中央于昆明设立中国陆军总司令部，负责西南各战区诸部队统一指挥与整训之责。参谋总长何应钦将军兼任总司令。

三十四（一九四五）年五月八日起，我军发动反攻，空军协同作战。五月二十九日，第二方面军张发奎部克南宁；六月十四日第三方面军汤恩伯部再克宜山；六月二十九日，张发奎、汤恩伯之第二、三方面军两路克复柳州。日军于各地攻势屡遭败绩。八月六日，美国于日本广岛投掷原子弹。八日，俄国对日本宣战。九日，美国以第二枚原子弹投于长崎。十四日，日本正式宣告投降，天皇颁布敕命，保证签订实行《波茨坦宣言》规定的条件。十五日，蒋委员长电南京日军最高指挥官冈村宁次指示日军投降原则。二十一日上午，日军代表今井武夫自南京飞芷江接洽投降。九月二日，中国政府代表徐永昌在东京湾美舰米苏里号上与联军共同接受日本代表呈递降书。九日，何应钦将军代表蒋委员长接受驻华日军最高指挥官冈村宁次的投降。其时海军总司令陈绍宽代表中国海军受降，位于何将军的左侧。

八月十四日，日军投降消息传来，我正在辰溪，民众高兴万分，燃放鞭炮，狂欢庆祝。其时有关海军受降细节已缺乏详细资料可查，记忆中，何应钦将军在其《日军侵华八年抗战史》有部分记载。但并不详细。当时接收日伪海军由海军中将参谋长曾以鼎负责。上海方面，由办事处处长林献炘（曾任军械司司长）负责。汉口方面，陈绍宽总司令派我到汉口负责接收工作，我问他："以什么名义前赴汉口接收？"他说："就叫海军处处长吧！"没有任何指令（当时我仅为中校阶级，盖一般而言，海军阶级晋升标准远较陆军严格，尤其在陈氏主掌海军部时代）。我立即率勤务兵陈德英一人，可说是"一兵一卒"，到汉口接收。一个人带着一把手枪，少量法币，乘坐小火轮，自辰溪经沅江、常德、岳州到达汉口（时约为九月中旬左右）。沿途日本驻军的哨兵依然放哨。

我在汉口展开接收日伪海军工作时，第一位接触的人是汪伪海军基地陈姓司令。经过一番恳谈，他表明他所以加入日伪组织有不得已的苦衷，并出示周佛海写给他的一封信。显示周佛海因为戴笠的关系，暗中与中央有联系。陈司令奉命维护汉口的物资，避免遭受日军之侵占与破坏。这是确确实实的事。回想抗战期间，我与沦陷区百姓的接触所感，深知沦陷区百姓多具有强烈的爱国心。所以对于在陷区担任伪职人员，通以“汉奸”视之，实有未妥。我办理接收工作的心态是视民似伤，看待沦陷区百姓有如离散多年的同胞手足回归祖国怀抱。接收工作是史无前例可循的事，每个人完全依凭良心做事，我首先将汪伪海军司令部改为接收人员办公室，留任部分伪海军组织司书人员，着手进行接收细节。由陈司令通知日本长江方面特别根据地司令部泽田中将与联络官北埔大佐（北埔战前曾任日本驻南京大使馆海军武官）。海军人原本不分国籍，相见相处时都很融洽，只有在战争期间才不得已成为对立的敌我状态。日本既已投降，我与日籍海军代表接洽，依规定办理交接，双方都很尊重。日方嗣即造册，列出人员军品清单。

我接收汉口日伪海军处理要项如下：

（一）船只部分，接收了日伪海军数十艘小型船舶，没有大型军舰。

（二）仓库部分，继续由日军负责驻守，所有维修工作照常进行。日海军仓库很多，其中尤以日清、三井两个仓库为最大。储存的物资包括军品、粮食等，汽油则贮存于丸善汽油株式会社。武器较少。

（三）所有武器均予缴存，包括刀械在内。

（四）眷属集中于日清、三井仓库。当时在汉口的日本海军部队人数很少。

（五）接收的无主房子、汽车、卡车。此类物品为数不少，我下令凡有证件可资证明所有权者，一律归还原主。例如初到汉口时，我暂时所住的一栋房子，不久，接到河南省主席刘茂恩来函，很委婉地表示此屋原是他所有，请我把房子发还，我立即照办。又曾经为了洽公方便起见，常自驾驶一辆接收的奥斯汀汽车代步，一九四九年来台时尚见此车在台湾左营军营中。

三十四年十、十一、十二月我忙着安顿、遣俘等工作，总觉得好忙。这期间，陆军方面曾有将原归海军接收的日本海军仓库、汽车等自行占用情事，我向第六战区参谋长郭忏呈报实情，郭氏立即下条子，打电话下令占领的陆军部队撤离。

当时交通部专员刘开坤有成立海事专科学校的构想，与我洽商筹措学校用地与设备等问题。我很赞同成立海事专校的意见，答应全力予以支持。立即将原属于伪海军巡防处的一栋大房子拨为校地，又将接收的部分航海仪器（罗经、六分仪等）拨作学校设备。后来，汉口海事专科学校第一期毕业学员出了多位杰出人士。我一名侄子也入该校就读，时为公费。三十六年，我赴英国接舰，收到侄儿来信，略云："物价上涨，学费昂贵，每月学杂费约在二十万元以上。"这段期间，民间生活甚苦，金钱用度很紧，后方居民与军人则稍稍宽裕。储备券与法币作二百元换一元的比例极不合理。按说汪伪政府的储备银行有准备金，兑换比例不应有如此大的差距。此亦为大陆"沦陷"潜因之一。接收时期，汉口市街常见日军家属、日俘的地摊出售物品，我记得曾买了一块大腰巾与一支妇女用发簪。

除陆海军外，政府各有关单位亦陆续派遣人员前来武汉接收。如经济部特派员李景潞（嗣后曾担任经济部长）、省党部主委邵华、长江航政局王洸、江汉关张申福等，随后由行政院特派员谭伯羽来汉口总司负责，我遂分别将接收的日伪海军仓库物资转交统管。莫衡先生时任谭特派员的总务处长。

在此期间，有两件事仿佛小说上的情节一般，十分凄惨，令我记忆深刻：

（一）马尾海校中我的低班同学刘君，其妹自重庆乘船抵达汉口，上岸探视刘君后，蹦蹦跳跳地回船时，不慎落水溺毙。

（二）民国三十四年底，汉口各机关接收人员举行耶诞舞会。当时我仍然单身，没有舞伴，经刘开坤先生的助理张君请其女友唐小姐充任舞伴。不久，却传来唐小姐自杀身亡的不幸消息。原来，唐小姐原在汉口为歌女，对张用情很深，一心一意想与张结为连理。张不知唐用情之深，告诉唐已奉父母之命订婚。唐女一时想不开，竟后服药自尽了。

（二）调任汉口练兵营营长

民国三十五年一月一日，我奉调汉口海军练营营长，汉口练营原系就伪组织的海军练营改组的。海军士兵入伍后为二等练兵，先在海军练营受两年训练，期满升为一等练兵，派登练船受训，练习风涛，习惯海上生活。受训一年，期满经过考试给予证书，然后按名次顺序派补各舰、艇、船为三等兵，再按资历成绩渐至各兵种军士长。练兵入伍年龄为十六至十八岁，程度要高小毕业或同等学力。练兵分为帆缆练兵、轮机练兵、信号练兵三种；枪炮及鱼雷军士是由帆缆毕业练兵中挑选训练。抗战前有旅顺、烟台、马尾、广东等地的练营，及不属于海军部管辖的青岛海军学校（原葫芦岛航警学校）附设的学兵队，电雷学校附设的学兵总队训练海军士兵，来台后成立海军士兵学校后更名为士官学校，训练海军士兵。

第六讲　灵甫舰长（民国三十五年至三十七年）

一、英伦接舰

（一）上海选兵

根据我兵籍表上的记载，我于民国三十五年五月间由汉口调赴上海，担任海军总司令部中校附员，职务是“派驻上海办理选拔及编组赴英接舰士兵队”。但是从我手边保存内人（当时还是我的女友）于民国三十五年三月自汉口寄给我的信件看来，则我大约在三月中旬左右已抵达上海就任新职了。行前，曾向汉口江防司令方莹辞行。

抵上海后，见过舰队指挥部参谋长（指挥官陈诚兼）魏济民，即正式展开新的工作。赴英接舰的士兵队系由出身青岛海校的张队长管辖的新兵大队中选拔、训练。我与嗣后担任重庆舰舰长的邓兆祥共司其责。有关擢拔队员、训练等详细细节，至今已记不清楚了。

在上海选兵期间，我曾到以前上海伪海军学校参观。该校校址位于高昌庙，学校建制仍属于草创时期，规模不大。我海军当局在接收此校后，拟筹建仿美国海军航轮兼学制的海军军官学校，校长由国府主席蒋公兼任，以杨元忠为教育长。

（二）澳洲皇后号西行

民国三十五年十一月九日，我与邓兆祥上校率领六百名官兵，自上海登“澳洲皇后号”（Empress of Australia），赴英国分别接收灵甫舰与重庆舰。澳洲皇后号为邮轮改装的运输船，重二万一千八百三十三吨，自日本起航经上海，终点为英国利物浦港。旅客包括了我国赴英接舰官兵，并有若干英国女官、女客。

赴英接舰官兵由邓上校带队，我担任邓的副长（行前我自中校调降少校军阶），白树绵上尉随行佐理管理六百名官兵的一切生活起居事项。这些新兵，年龄均约二十岁上下，没有什么航海经验。我以“虚心学习”四字勉励他们，并借油漆船体等工作，训练他们保持环境清洁的观念。

澳洲皇后号上有图书馆可供旅客借阅，亦有购买书籍的服务。舰上经常举办歌咏会、大合唱与夜间舞会等活动。旅客可自行购票入场。我在旅途中，曾利用舰上图书馆，阅读了“Tomorrow Never Comes”与“House of Exile”两本英文小说。前书，以某个南美国家为背景，描述一位执政者的私人生活。全书深寓讽刺，发人深省。世人心目中的理想世界，是一个大同极乐世界，但是运用什么方法可以达到这一个理想？三民主义比共产主义好，但是是什么原因促使大陆落入共党之手？为什么有许多优秀的人才追随毛泽东？我们又因何而播迁来台？这些问题，都需要吾人自省。三十一日的航程期间，我在舰上结交了一些外国友人。澳洲皇后号的轮机长曾告诉我，一九四四年联军登陆诺曼底半岛时，英吉利海峡海面上海军军舰数目之多，多到一个人简直可以从英国一路踏着船身走到法国。二次世界大战期间，他曾经先后在八艘军舰上服役，其中三艘被击沉。他对“战争”所做的结论是：战争对人类都是残酷的。我在舰上结识的另外一位友人是派驻印度的苏格兰籍年轻中尉，他说在参加欧战时，奉令在制服左胸处，配挂了一付名牌，注明姓名与联络地址，俾使有关单位在意外事件发生时，能顺利与其家属取得联系。由此可睹当时英国军人准备牺牲的心理。

十一月十一日，澳洲皇后号航抵香港，全体接舰官兵上岸，参加了甫自英国驶抵香港的伏波舰上的庆祝酒会，酒会由伏波舰长柳鹤图少校主持。但就在该舰泊港期间，桂代总司令以姜先生（电雷一期）取代柳鹤图为舰长。翌年三月中旬，即发生了伏波舰于澎湖海域附近龟屿海面与招商局海闽轮相撞沉没的不幸事件。全舰一百三十人，仅轮机长一人（焦德孝）获救。此盖由于桂氏不明了海军的专业知识，随意更动人事，他不知学校的训练时间与实际的航海经验的关系，故有此失也。

澳洲皇后号经香港、新加坡、亚丁港、赛港、摩尔塔，吉堡罗塔等地，于民国三十五年十二月十三日下午，抵达英国利物浦港，共历经三十一日，航程一万零六百四十五海浬。十三日晚，全体官兵搭乘火车于翌日抵达伦敦，分赴柴塘港与朴资茅斯港，驻 RN Barrack 军营及荣誉号战斗舰训练，其时，因重庆、灵甫两舰尚泊于柴塘及朴资茅斯港进行维修，我及部分接舰官兵遂于 H. M. S. Bleasedale（属于 Hunt Class Destroyer——猎级驱逐舰类，为护航驱逐舰）上接受各项航海实习演练。

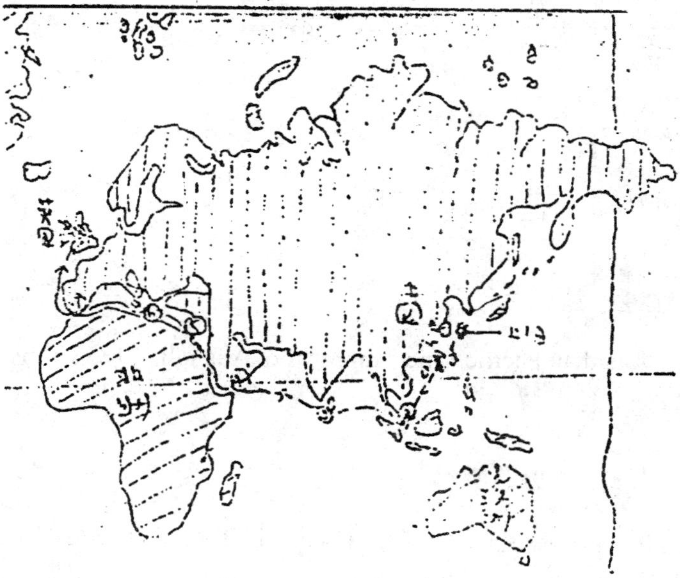

◎上海　①香港　②新加坡　③哥伦坡　④亚丁　⑤赛港
⑥摩尔塔　⑦吉保罗塔　⑧利物浦

澳洲皇后号由沪驶英时间及里程表

距离表（以海里为单位）

地名	到达日期	离港日期
◎上海	—	351109
①香港	351111	351115
②新加坡	351119	351120
③哥伦坡	351124	351125
④亚丁	351130（不停）	351130
⑤赛港	351203（午夜）	351204（晨）
⑥摩尔塔	351207（晨）	351207（午）
⑦吉保罗塔	351210（晨未停）	351210（晨）
⑧利物浦	351213（下午）	—

	◎上海	①香港	②新加坡	③哥伦坡	④亚丁	⑤赛港	⑥摩尔塔	⑦吉保罗塔
①香港	853							
②新加坡	2293	1440						
③哥伦坡	3966	3113	1673					
④亚丁	6058		3765	2092				
⑤赛港	7368			3402	1310			
⑥摩尔塔	8304				2246	936		
⑦吉保罗塔	9295					1927	991	
⑧利物浦	10645						2341	1350

Canadian Pacific Liner: Empress of Australia 21833 Tons

（三）英德巡航

民国三十六年三月十二日，我利用休假时间赴苏格兰爱丁堡探视昔日海军学校时的英籍教官孟罗夫妇。旋即返回Bleasedale舰，开始一连串的训练课程。四月间，先后巡航德国威廉港、汉堡、苦思港（Cuxhaven）等地，为期一个月，五月返抵英国。六月初，我与邓兆祥、刘荣林两人自朴资茅斯港先后到位于鲸鱼岛（Whale Island）的枪炮学校、Southwich的航海学校（即二次世界大战联军登陆诺曼底指挥官艾森豪将军的指挥总部所在地）、Leydene House的通讯学校、H. M. S.

Renown 荣誉号战斗舰与 Vernon 鱼雷学校、Weymouth 的防潜学校等处，接受为期三个月的训练。嗣后，邓、刘两人与我分途展开实习演练，我自九月十四日起上 H. M. S. Cygnet 舰修习航海课程。十一月十日，返柴塘 R. N. Barrack 军营报到，准备接舰事宜。三十七年二月二十三日，率领接舰官兵离开柴塘，三月七日到达朴资茅斯港，接着便是为期两个半月的大西洋海上航行演练，航行范围以英国南部为主。

1. 战后的德国

四月间在德国时，发现战后德国物资缺乏的情形十分严重，人民生活十分艰苦。我那时多在英国俱乐部餐饮，偶然到街上购物，如果身上正好忘了带钱，则可以用香烟与商人交易。我个人原没有抽烟的习惯，但舰上仍按例配给每名官兵定额的香烟，因此可以借此易物。有一位水手长在知道可以以香烟易物后，特地存了五十根的香烟，换得一架性能优良的德国制望远镜。如果理发，则只需要二根香烟就可以了。

威廉港因在二次世界大战期间，惨遭盟机猛烈轰炸，受创甚巨。我在该地见到俄国人正拆卸工厂的机器，运回俄国。与威廉港同为英国占领区的汉堡，则正在缓慢的复原当中，一切显得很零乱。

当时，德境盟军占领区内，垃圾一律采用分类处理法，他们将垃圾分为可食用、不可食用与完全废弃三大类。我曾见到许多德国民众因为没有食物吃，在垃圾箱中觅食。此时连英国国内处理垃圾也是采用分类法，借以节约物资。目前，台湾因为经济繁荣，一般人的生活显得奢侈浪费，我个人十分赞成成立“废物回收中心”，以便废物利用。老子说“圣人常善救物故无弃物”。

前些日子，我向俞大维先生借阅“Ruins of the Reich”，该书作者在书中提到民国三十六年（一九四七年）四月十八日英国炸毁Heligoland之事。这事当时我亦躬逢其盛。Heligoland系北海中的德国岛屿，位于北纬五十四度十一分，东经七度五十三分。该岛距离德国西北的哲德（Jade）、威悉（Wesser）、易北（Elbe）及爱达（Eider）等四河口的距离，均大约相等。岛长约一哩，宽约半哩，其面积虽仅及五分之一平方哩，但其位置却十分重要，它控扼德国军港、商港及基尔（Kiel）运河的出路。Heligoland原系丹麦属地，一八〇七年为英国占领，一八一四年正式割让与英国，一八九〇年英国又让与德国，以换取德国承认英国在东非Zanzibar岛的主权。第一次世界大战时，德国将该岛建设成为潜艇作战基地。第二次世界大战时，德国又将该岛建成北海的堡垒。该基地设施十分完备坚固，有潜艇掩蔽部分、地下道、防御炮系统等。战后英国占领军决心摧毁此岛的防御设施，以减除其未来对英国的威胁。英国当局先利用德国战俘将英国占领区内留存的弹药约五千吨，运至岛上，然后予以爆炸。此项爆毁作业名为“巨响作战”，于民国三十六年四月十八日实施。乃以电缆引发，引发装置设于距该岛约九浬远之兵舰上。爆炸时，先施一连串小型的连续爆炸，以驱散岛上的鸟群。下午一时，由舰长按下电钮，岛上约五千吨的炸药同时爆炸。当时，我身在十几浬外，犹能感受到迎面吹来的一阵劲风，继而见该岛灰烟密布，完全笼罩在浓烟之中。三十五浬外的苦思港，在爆炸后三分钟，港区内的房屋窗户与食器等，均震动作响，四百浬外的伦敦植物园（Kew Garden）内地震仪，也有一连串轻微的地震纪录（见本书附录:《德潜艇基地——海立孤岭的命运》）。

2. 在英见闻

战后英国经济萧条，生活艰难，所有官兵与民众一样，无论在衣食各方面，都要凭点券分配购物。数年前，我曾将旅英期间与内人的往来信件、日记等，集辑成《天涯共记》。其中于民国三十六年（一九四七年）十二月三日那天，有如下的记载:“早晨听到一间杂货店的老板称赞战后英国政府复原迅速，施政有方。据他表示，每名英国人每个礼拜可以买一先令的肉（约一磅重）、一两的咸肉、八两糖、二两茶、一两牛肉、二两代牛肉、三磅马铃薯、十磅面包与两大瓶的牛奶（牛奶每瓶售价，儿童是二便士，成人是五便士）。香蕉则儿童优先取用，若有剩余，才分配给成人食用。此外，每年每人可以买五十二个鸡蛋，另有二十四点的罐头食品准购证、四十点的衣服准购证。”战前，我首次赴英国留学时，所有的餐馆均免费无限制地供应面包给客人取用。现在，必须客人主动向餐馆提出要求，店方才会送来一两片的小面包，显见民生物品之匮乏。当三十六年三月，我赴英籍教官家探访时，将在赴英接舰途中，于自由港直布罗陀买的许多食糖、各类食品等送给师母时，她显得异常高兴。此不啻雪中送炭也。

驻柴塘港时，我白天上船演练，晚上多在军营里附设的图书馆阅览书籍，收集了许多有关中英鸦片战争、近代史的资料。记得当时看过 Robert Rupre 的著作："Chunking Diary"。对书中几句话，很有感触："……政治家系奉献于和平的，最大的光荣是为世界的和平而服务。"至于，有些外国作者，在根本不明了中国人的真实情形下，却妄下断语，著书立说。例如批评中国人做事很多是为了爱面子的关系。其实，我们应该说，中国人是为了"荣誉"而做事，并非为了"面子"而做事。

民国三十七年一月三十日，印度领袖甘地（Mohandas Karamahand Gandhi）被刺逝世。当时我在柴塘军营，电台正好播放着印度总统尼赫鲁发表甘地遇刺消息的演讲，内容深刻感人。他说："I do not know how to tell you, the Father of the Nation is no more. Now that the light has gone of our lifes, I do not quite know what to tell you, and how to say it, our beloved leader is no more. We who have seen him for these many years cannot turn to him any more, for advice or seek solace from him. That it is a terrible blow, not only to me, but also to millions and millions of this country."甘地遇刺实为人类和平之一大损失。

英国人十分守法。兹举提供饮酒、消遣的休闲场所：Public House 为例。该处规定严格限制十六岁以下之青少年出入。每遇有青少年客人进入者，Public House 的主持人一定仔仔细细地询问每名青少年的年龄，必须符合规定者始准进入场内，绝不通融。

（Public House 分 Private 与 Public 两部分。前者是提供自认为文雅人士饮酒谈天的场所，后者系提供一般民众大众化的饮酒休闲场所。营业时间，自晚上六时起，供给同样的酒品，但收取不同的价钱。）

二、万里归程

灵甫舰与重庆舰的接舰仪式于民国三十七年五月十九日在朴资茅斯港举行，中英双方代表分别是驻英国大使郑天锡与英国海军上将 Frazar（此人于民国三十四年八月代表英国政府在东京湾接受日军的投降）。一周以后，两舰同时起航返国。行前，英国舰队在港口列队欢送，返航程中，我曾接获郑天锡大使的贺电，略谓：

“楼船万里，初展鹏程，靖海安澜，扬威远道。谨电致贺，并祝航祺。

郑天锡　一九四八年五月二十七日。”

接舰前，我曾奉郑天锡大使命，以中国海军专门委员身份，出席在伦敦召开的世界海上人命安全会议。同时出席会议的有交通部厉汝尚先生（按：厉氏为留英学生、轮船协会主席）。

民国三十七年五月十九日，两舰自朴资茅斯港起程，历时二阅月而驶抵国门，航程约一万一千一百八十七海浬。沿途之可记者：

六月七日，两舰自直布罗陀东航，四日后，驶抵马耳他。停泊五天，受到当地英国海军司令参谋长安排盛大的欢迎酒会款待。同时，也见到了许多海军同僚与友人。

六月十八日，两舰自马耳他起航埃及塞得港。事前，因有鉴于埃及反英气氛炽烈，我舰上戒备森严，但是因为我国自抗战胜利后，跃升为世界四强之一，我国驻埃大使为何凤山氏，我们复与埃及同为东方民族，故埃及人对中国人的感情与其他民族不同，我们在埃及，仍然受到埃及人的热烈欢迎。

六月二十日，两舰自塞得港起航，于五日后抵达亚丁港。翌日灵甫舰因须转赴孟买加油，乃与重庆舰分道航行。灵甫舰在赴孟买途中，在非洲东隅遭遇大风暴的袭击，顶了两夜的飓风，于七月三日，才抵达孟买，在孟买港口受到了旅印华侨、驻印领事与印度海军的热烈欢迎。也见到了留英时的印度海军同学 Mody。当时他任职印度海军，我与他已经有十年不曾见面了。此次相逢，格外兴奋。战后中国跃升世界列强，英国对中国另眼看待，英国与其属地的华侨地位因之提高。灵甫舰的到达，华侨们都引以为荣。

七月十二日，灵甫舰抵达锡兰可伦坡。十九日，与重庆舰相率驶抵新加坡，受当地政府及我驻新加坡领事与侨胞们的热烈欢迎与招待。在此之前，我国军舰之赴新者寥寥无几，尤其侨胞们久未有大型母国军舰过新，故对灵甫、重庆两舰之到达，欢迎之盛情，几臻沸点。各报纸竞争报导，侨胞们络绎前来慰问。其实，海军建军之主要目的之一，即系保护、宣慰华侨，并使我国声威扬威海外，提升华侨的地位。我两舰之抵新加坡，顺便尽了此一任务而已。

七月二十八日，灵甫舰航抵香港。抵港后，第一件任务，是奉命出海搜救由穗来港途中，遭飓风袭击而失踪的炮舰驱逐一号（重一百吨）。搜救船只并非灵甫舰之本务，故灵甫舰仅提供协助搜救而已。

八月二日，我在一个欢迎晚宴中，见到了许崇智。当时他已经六十多岁了，身材不很高大，恂恂然一长者也。记得民国十一年在家乡即熟悉许崇智之大名，事隔二十余年，竟能亲挹他本人的风范，私衷至为欣慰。

八月十二日，灵甫舰驶抵上海，翌日上驶南京。于十四日下午，驶抵下关，泊于江中。当时下关港外水流湍急，灵甫舰吨位较小，频频脱锚，故不时起锚再抛锚。两日后，始停靠码头。我上岸拜会国防部长何应钦、参谋总长顾祝同与外交部长王世杰。八月二十日，海军总部安排张灵甫将军夫人登舰献花。随后张夫人在其私邸宴请本舰官兵。灵甫舰泊京期间，蒋纬国夫妇等政要人士，亦先后登舰参观。

九月一日，内人自台湾来南京小住。这是我们分别两年多以来的第一次相聚。我与内人新婚不久，即人分两地。海军人因出海执勤，常常离家一去便是数年时间，与家人相处的机会很少，有时纵然回到国内，也有可能军舰不靠同一港口而难得见面，这就是海军人生活的写照。

三、南京海军警备指挥官

灵甫舰返国后，即在南京执勤。九月四日至十月三十日，驻防上海。当时，长江军情紧急。十一月十四日，我奉命驻守京畿，担任南京区警备指挥官，指挥灵甫舰、永绥军舰及炮艇一队、快艇一队（七八条船，队长姓杜）与南京海军总部警卫营。十九日，拜会交通部长俞大维。这是我第二次见到俞先生，但却系首度与俞先生谈话。这次拜会，因为属于礼貌性质，故与俞先生仅就陈绍宽与海军事进行交谈。十二月十日，桂永清总司令手令我开上海加油（见本讲附录，《桂永清总司令手令》，原件已交海总部保存）。十二日，桂老总即乘灵甫舰赴南京。航经通州、江阴时，突闻“碰！碰！”几响，岸上共军向我们开炮，我们立即准备还击。不久，即安抵南京。我在南京负责警备这段时间，不时巡逻防区。根据陆军地图研判防区附近的状况，将现有兵力，做最佳的调度。一度曾奉命装载海总部的人员及档案到上海，并在高昌庙加油维修后返京。三十八年一月中旬，蒋公邀请海军总司令桂永清、重庆舰长邓兆祥、我与重庆舰副长刘荣霖等同进晚餐，以示慰劳。席间，并未深谈。两三天以后，蒋先生就宣告引退了。

我由英返国及在担任南京海军警备指挥官期内，有两件目击的大事。

一为金圆券的发行：

民国三十七年八月十九日，政府改革币制，公布限期收兑法币、金银外币，法币三百万元折合金圆券一圆，美金一元换四圆金圆券，金圆券一圆合银币二元。人民所有金银外币，禁止买卖或持有。多数守法的百姓，都按照规定前往中央银行兑换金圆券。未料，不久，上海物价发生严重的波动，十月，上海等地发生民众抢购风潮。当时，大家什么都要，就是金圆券不要。我记得我也花相当多的金圆券抢购了五两当归，连当归都要抢购，表示对于金圆券之不信任。

从抗战中期以后，法币便急遽贬值。犹记民国二十六年，一英镑约等于十六元法币。一美元相当于四元法币。到了三十六年，我在英国，接到内人与友人的来信，内中提到当时一美元约等于十三万元法币。十年之间，法币贬值了三万倍。到三十七年，一美金相当于一千二百万元法币。短短一年之间，法币又贬值了四百倍。全国经济，乃面临了严重的崩溃危机。

胜利后，中央对沦陷区内伪币兑换法币之比例，为一元法币等于伪币二百元。沦陷区中产阶级一夕之间沦为穷人，造成了社会、经济问题，制造出许多同情共产党的人，其影响不可谓不深远。这不是沦陷区接收大员操守好坏的问题，接收人员究竟能接收多少东西？事实上，许多物资已被日本消耗殆尽。接收人员吃得了多少？问题主要出在法币对伪币一比二百的比例上。同时，也可以说是观念、用人与方法的问题。吾人应检讨之。请参见一九八三年五月十日，《中央日报》，慰慈著《红潮谍影》一文，提到金圆券的发行，影响人心、战局者极大。

一般人通常将发行金圆券失败的责任归咎于王云五先生，这是错误的。据王云五先生表示，发行金圆券之前，有鉴于全国经济萧条景象，蒋公向各方征询改革意见。他在这时，向蒋公提出金圆券发行案，但是，他曾向蒋公表示，发行金圆券必须有一项先决条件，那就是要在敉平共军以后，才可以发行。蒋公问手下："共军几时能解决？"当有人回答说："两三个月就可以解决。"蒋公遂决定发行金圆券。不料共军并未如期敉平，金圆券却提前发行，乃造成了全国经济的崩溃。

第二件是上海防卫战前夕所见：

金圆券崩溃后，"戡乱"军事逆转，蒋总统下野，接着共军临江。这时期，上海局势十分混乱。火车站到处充塞着来自各地的流亡学生与难民。难民中以来自江北者居多。时值严冬，气候酷寒，物价又十分昂贵，上海市况很是凄惨，好像又回到抗战时的景象一般。

负责防御上海的是汤恩伯将军，他的军队中有部分不肖之徒借机做出许多越轨之事。例如在商家店门口做碉堡，妨碍商家做生意，商家必须想办法请驻军将碉堡迁移。这一"想办法"，就出了问题。于是有"汤部扰民"、"纪律差"的说法。汤军在抗战时，在河南的军誉本来就不好，这固然部分是出于中共的宣传，但是其中也的确有部分是实情。今在上海也遭到了百姓的埋怨。这段时间内，有许多共谍被枪毙了，学生罢课的情形也十分严重。似乎人人已经失去了理性，全然不讲道理。实使人有末日之感。记得三十七年一月十七日，上海学生为抗议九龙事件，举行示威运动，五十名学生包围英国领事馆，损毁英旗。同时，南京学生也发生罢课风潮。当时，我在英国柴塘，闻讯时感到特别难过。几日后，我与昔日留英时的英籍教官（当时担任英国众议院议员的 Commander Noble）一同进餐时，他问我上海学生反英运动事件，我婉转地向他提出解说。餐毕，我随他赴英国众议院参观，坐在旁听席观看他们议员开会的情形。当天就有议员就中国上海学生反英事件提出质询，老师与我相视一笑（记得丘吉尔在那次整个议程中，没有说一句话）。接舰回国后，才亲眼见到了学生罢课的激动与不讲理。

以上有关汤恩伯在上海的事情，我仅就自己在那时见闻所及，记其一二，至于汤将军其他事迹，请参阅秦维藩，《我所认识的汤恩伯将军（下）》（《新万象》，期三十八）；刘汝明，《刘汝明回忆录》（《传记文学丛刊（五）》，台北）；王禹廷，《旋乾转坤的古宁头大捷》（《传记文学》，卷三十五，期四）。

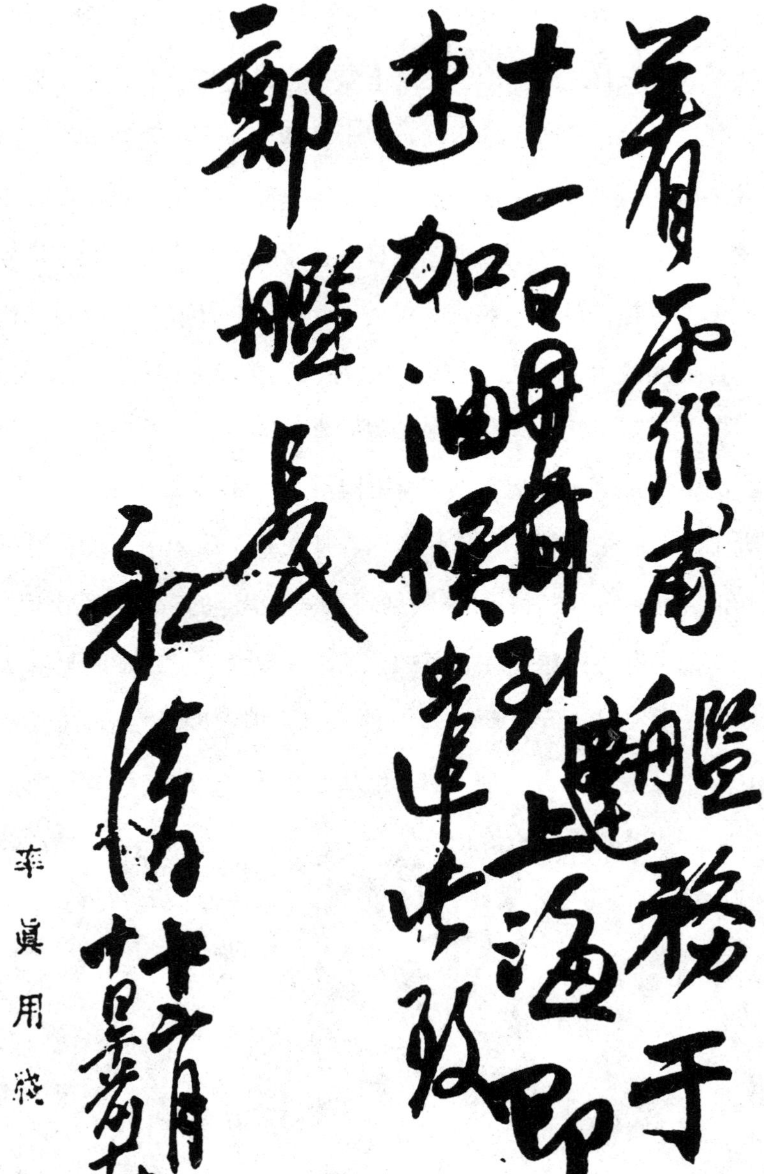
速加油候命出發
鄭艦長
奉真用牋

二　浩劫余生（一九四九年至一九六六年）

——岂因祸福避趋之——

第七讲　灵甫风波

一、重庆北驶

自李宗仁代总统，欲图和谈，而和议声中，战火仍然南延。其时蒋公已引退，仍以国民党总裁身份，冒险赴各地指挥军事，指挥系统与决策因而有不一致的情形，大局亦未能扭转。黄杰著《海外羁情》页二十九称："……我军行动太迟，决策太迟。……"可窥其中消息。蒋公秉持为党国必须负责之态度，虽不在总统之位，仍以总裁身份亲历险境，到各地指挥"戡乱"。《十年风木》有如下之记载："……民国三十八年，总裁最后一次离开大陆，也就是离开四川成都，当时住在陆军军官学校，总裁住在楼上，经国先生住在楼下。那时候刘'逆'文辉在成都郊区叛变，经国先生得到这项情报，便作应变准备。当天早晨，经国先生起得很早，总裁找他上去，问：'是不是今天准备走？'经国先生说：'今天一定要走，现在预备了车辆在后门，不是在前门。’又问：‘为什么？’经国先生说：‘后门离开飞机场近，而且比较安全。由于刘文辉叛变，我们从大门出去，走远路有很多安全上的顾虑。’总裁坚定地说：‘那不行！我从大门进来！我一定要从大门出去。’这一句话，正显示总裁无畏‘横逆’的精神。总裁接着做祷告，祷告之后，又找经国先生上去，说：‘我们两个人来唱国歌！’唱完国歌就离开了成都。事后，经国先生说：‘父子两人在一起唱国歌，有生以来，只有这一次。’”在总裁力挽狂澜期间，我亦辗转来台。

民国三十八年一月二十五日，灵甫号由沪开往南京，翌日，装载海军部人员、档案、物资等返沪。二十八日，泊高昌庙进行整修，时为戊子年除夕。先是，我曾与好友王启熙在求志里合力买下一间小屋子，个人拥有一个房间与客厅。灵甫舰进行整修期间，我即在此蜗居小憩。同时利用这个机会，请假一周赴台探亲。二月十六日，乘中兴号豪华客轮赴台湾。航程中，与同房舱的唐子常君相谈甚欢，唐君赴台湾的目的是向孙立人部报到。记得他向我谈了许多抗战期间有关炮兵的事迹。

十七日，中兴轮抵基隆，我立即乘火车赴台北，在市内，我生平第一次乘坐台湾特有的高高黄包车，印象十分深刻。随后，乘火车到屏东，与内人相会。那时她在屏东糖业公司会计处任职。两日后，我又赴台南布袋探望岳母与内兄，翌日回台北拜访内人的伯母。二月二十二日，复自基隆搭乘中兴轮返沪。抵沪翌日，即传来重庆舰叛变的消息。

重庆舰出事后一周，桂总司令约我面谈。我向他分析重庆舰上人员叛变的可能原因。依我所见，该舰的问题出在士兵身上。重庆舰大部士兵系响应委员长“十万青年十万军”的号召而来的。他们年纪轻，教育水准高，但是思想复杂。固然大多数是真心响应政府共赴国难的号召者，但其中也有部分是思想左倾、偏激者。更有部分是但求出国碰碰运气者。又有一部分，根本不想终身就在海军，而计划在返国后另谋高就者。这一批接舰士兵在英国受训期间，秩序井然，表现尚佳，没有出什么问题。未料，在返国后，因国内的情势大变，加以金圆券的发行，使得原本待遇已经偏低的士兵们，顿时连微薄的积蓄也消失了，很可能因而出了问题。我因此向桂总司令建议：（一）改派灵甫舰为训练舰，南下驻左营；（二）限制该舰油量在五小时训练航程以内；（三）分批调换舰上人员。如果能依照上述几点原则实行，必能达到很好的训练效果。桂总司令当面向我表示赞同。三月二日，并亲自下手令，派灵甫舰为练习舰（见本讲附录。原件转交海总部保存。按：手令日期应为三十八年三月三日，“三十七年”系因事出紧急之手误）。

二、灵甫南航

（一）白鹅潭寄泊

重庆舰叛变后的行踪，综合各方报导，该舰于二月二十六日晚抵烟台，三月十日航赴葫芦岛，海军当局确知其已无反正可能，乃经呈请参谋总长陈诚、国防部长白崇禧，并通知空军予以轰炸，以保障海上之安全。经空军于三月十七、十八、十九、二十日四天的连续轰炸，该舰遂告沉没。二十一日，我因公赴南京，当天立即赶回上海。二十四日，突然接到命令将灵甫号自沪开穗。

桂氏已允诺将灵甫舰充任练习舰，忽而改变初衷，要灵甫舰开广州之原因，据杨元忠于《灵甫舰风波的回忆与体验》一文中称："……灵甫舰一则因为与重庆舰背景相同，被当时的海军总司令桂永清中将认为是'一丘之貉'，都靠不住；二则因为灵甫舰是英海军借给我国的，其附带条件为：英国如因情势需要，向我提出收回该舰的要求，我国应在三个月内将该舰交还英国海军。为此之故，桂总司令与英国海军远东舰队总司令白林德（Brynd）上将，对灵甫舰的安全，十分挂心。双方经过协议，同意将舰调去广州，驻泊于白鹅潭，归我节制。以后该舰如有离开广州的必要，须在三天之前将行程通知英国驻广州的总领事，以资联系。灵甫舰还没有到广州之前，桂总司令就到广州，将他与英海军协议的重点，当面告诉我。……"杨氏所说这段内情，我并不知道。桂氏认为灵甫舰与重庆舰同为"一丘之貉"的想法，恐系受了他人分化挑拨所致，在此以前，三十八年三月三十一日，他在立法院中报告重庆舰事件经过时，称："海军历来情形复杂，远因近况，相互交织，非身历其境不易明了……。"云云。所谓"海军历来情形复杂"者，乃因他不明海军内情之故。海总主任秘书王道曾回忆他与桂老总的一段谈话。当桂氏问他:“你认为做哪一件事对海军最有利？”王道回答说:“训练。”桂氏又问道:“何以训练重要？”王道说:“因为总司令是以陆军将领来建设海军，我亦来自陆军，如要建设国民革命之新海军，必须要有下一代的受过革命洗礼的优秀的军官，否则，将事倍功半。”民国三十八年七月《新闻天地》七十五期刊耿中新先生的《海军需要争取人和》，其最后一节谈到:

“所以，桂老总在海军里的领导地位是没问题的，问题是如何领导，如何领导得好。记者的答案是:

‘争取人和！’”

桂老总忘不了海军的旧派系，于是对部下不免有成见，有偏爱。可是在海军的派系观念由出身和能力的衡量代替时，他的成见和偏爱并没赢得某个派系的掬诚拥戴，反而使大家普遍地感觉不公平。同时一般卑劣分子，利用他的成见和偏爱极容易地便把人事制度破坏掉了；并且制造出对老总不利的空气。

桂老总忘不了他自己是陆军出身，于是对海军的正统观念不免不满。事实上，海军不但承认三年来桂老总已是内行人，并能处处为海军着想，而且也绝对服从他的领导，只是别的下海的陆军官员并不个个和老总一样讨人欢喜，一个水兵敲打几年甲板，值好几年更，才混得上一顶带沿儿的上士帽子，可是一个外来的马上便可以有一顶绣金花沿儿的中校帽子，甚至将级帽子，试想正牌海军官兵上下如何能服气？再有那不识相的，上船做搭客还指定要住舰长房间，一点点海军规矩不懂，如何能被人瞧得起！偏偏这些人大多数都在桂老总也说该整顿的人事和补给机构部门，难怪要被喊做“吃海军的”。

桂老总就这样地扩大了自己的弱点，让别人把他出卖了，于是他不能信任他的部属，如同他不能信任他自己一样，人事纠纷闹到如今，而且似乎还要继续闹下去。为什么不从速设法改正、补救呢?

中国的海军在现阶段，其地位之重要是不可言喻的。但是如果政府当局不了解这海军的战斗力将决定于其完整的存在，其存在将决定于统帅的贤明，而只知要驱使便驱使，要责罚便责罚，让一切险恶的现象继续发展，一切诚未可乐观。当记者和许多海军官员道出这同一看法时，记者决定写这篇露骨的报道。那同一的看法是：

中共不可能亦不必要建立海军，但是他们要利用一切手段来瓦解政府的海军，而增加其人事纠纷，粉碎其作战意志，是最最短最最顺利的捷径。

三十多年后，《巨桥》杂志转载《文史资料》一九八一年中共中央统战部副部长张执一原著《我所知道的中共中央上海局》叙述策反重庆号起义的工作及桂老总办公室金主任对解放战争的贡献，具见耿先生旁观之清。

（二）逗留香港

三月二十七日，灵甫号驶抵广州白鹅潭。四月初四，我因公自穗赴港，两日后返穗。四月中旬，灵甫舰受命巡弋海南岛，赴港加油。我记不清楚抵达香港后当时英国方面是如何借词限制灵甫舰离港的，只记得英国方面曾经提到桂总司令如何如何，“你就停在香港好了！”我得到英国当局限制灵甫舰离港意思后，立即偕杨元忠司令的副官陆锦明向杨元忠报告。以后的发展，在杨元忠撰《灵甫舰风波的回忆与体验》(《传记文学》，卷四十二，期三）一文中，有详细的叙述，此处不再赘述。

（三）港穗去来

在我海军当局与英方交涉灵甫舰归属期间，五月十二、十九两日，我曾经两度赴穗面见代理外交部长叶公超先生，就此事与叶先生商议。我向叶先生报告，灵甫与重庆两舰系前海军总司令陈绍宽透过英国武官向英国政府要求赠舰的（杨元忠撰《灵甫舰风波的回忆与体验》一文谓重庆舰系英国主动赠予我国的，不确）。英国政府自允诺赠舰后，曾经几度更改原议。民国三十七年春，英国政府又决定取消赠舰之举。我国政府乃向英国方面提出抗战时英国曾没收我招商局在港订制的船只而转用于欧洲战场一事，要求英国政府赔偿损失。英国方面乃决定以重庆舰作为赔偿，而以灵甫舰租借我国。英国方面同时要求，当英国有使用灵甫舰之必要时，会在三个月内通知我国，我国必须交还该舰。叶先生在了解此一情况后复与行政院长何应钦商议，咸认在法理上，灵甫舰既然是英国租借我国者，如今英国提出还舰要求，我国理当归还。五月二十七日下午五时，我海军第四军区司令杨元忠与英国驻港海军司令罗拔臣准将共同主持灵甫舰移交典礼，灵甫舰正式交还给英国政府。翌日，我率领四十余名灵甫舰官兵飞台湾。

灵甫舰建造于一九四〇年四月，属 Hunt Class 级护航驱逐舰，性能为海防巡弋、防侦潜艇及护航任务。武备方面，有主炮四门（口径四寸，平射、高射两用），双连装两座，一在舰前，一在舰后，复有四连装两磅重高射机关炮两座，及单管高射机关枪两座。防潜方面有防潜仪、深水炸弹。雷达设备方面，有航海雷达与枪炮雷达。该舰原名“孟迪普”（ Mendip），乃依一英国之小山而取名，于一九四〇年十月下水，编属于英国海军第二十一驱逐舰队，第二次世界大战期间，迭遇敌潜艇，屡建奇功。迄一九四八年五月，由英国政府租借给中国。我政府为纪念张灵甫将军，特将该舰命名为灵甫舰。十个月在国内期间，大部分停留在南京、上海、广州三个地方，随舰官兵一百余人，大部分在英接受训练，返国后，曾在江阴换防一部分。灵甫舰交还英方后，部分官兵离开海军，部分回到台湾左营海军基地。

一九八四年三月，杨元忠在《传记文学》发表《灵甫舰风波的回忆与体验》。当时我曾有信与杨先生，但是因为地址有误，信件被退回。杨氏在文末称：“……至于与这事件有关当事人的功过得失，则都已经是明日黄花，只是历史陈迹。……”但我以为许多事情从不同的角度观之，会有不同的观点。“灵甫风波”不失为中国近代海军史上的重要史料，我们可以从这场风波，牵引出许多有关近代中国海军的史实。但是杨文中有两点记错。

杨文谓："……当时灵甫舰的舰长副舰长仍是郑天杰上校与何树铎中校。……"实际上自从接收灵甫舰后，舰长只有一位，即是本人。副舰长则先后有三位，依序是：池孟彬（现任阳明海运公司董事长）、刘耀璇（曾任职"总统府"侍从室）与何树铎。杨文称民国三十四年他自美返渝后，曾经在重庆与我见面。抗战胜利后，我不曾赴渝。我是在上海见到杨氏的。

三、无妄之灾

民国三十八年五月底，我率领灵甫舰官兵返台后，桂总司令派我为汾阳舰（原日本驱逐舰宵月号）上校舰长，该舰泊基隆维修。我曾于此期间参加交通部河海航行人员考试，及格后，获有行政院长阎锡山颁发的甲种船长执照，备于退役后转业商船。

十月底，我乘便南下赴屏东探视内人。当时，我们寄宿在台糖的宿舍。一个深夜，突然有人进门搜查，随后我与内人被带到屏东某单位，据调查人员表示，有人密告内人是情报员，精于枪法，能双手开枪。次晨我两人又被带往左营情报队招待所，外号"三楼"的地方。海军情报队人员侦讯整日，当晚即饬回内人，要内人赶回屏东为我送来换洗衣物。翌日我被带到台北某一不知名之所在。据侦讯人员对我说："有人密告说你与赵梅卿（事后才知道同案被诬告者尚有一人）在台中‘天外天’饭店开会，密谋炸毁基隆港务局。你与赵梅卿两人并负责‘交通’（为共谍传讯）。”一时我觉得莫名其妙，但生平既没有做过亏心事，故从容笑语对对方说：“这都是无稽之言，我从来没去过台中，仅仅搭乘火车在卧铺上路过台中而已，不知道台中究竟是不是有‘天外天’这么一个饭馆？其次，我只知道有‘交通车’、‘交通警察’，不知道你所谓的‘交通’究竟何所指？我活了这么大把年纪，有什么理由要谋炸基隆港务局？我与基隆港务局唯一的关联是我在该处参加过河海航行人员考试，如此而已。我没有对不起国家，我只对不起我的母亲与太太。”情治人员十分机警，知道我没有问题，是被人诬告。但是，基于当时“有错拿没有错放”的政策，却仍不放人。

我被拘禁的狱室，仅是两三坪大小的房间，里面挤了好几个人，大家只能直着睡。后来因为陆续有人被带走（这些人没有再回来过），才稍可活动。但是个人衣物仍然无处放置。终于有人想了一个无中生有的法子来解决这个问题。大家将铁丝弯成钩状压在墙壁上，用稀饭粒粘贴几层破布，以为挂钩，用来悬挂衣物。

在被拘禁的漫长时间里，我练熟手语能与难友作无言的对话，我常想我要告诉蒋公魏徵《十思疏》的重要，除做做笔记以外，其他一切的活动无法进行，狱方也不让我们与家人通讯，真是其存其没，家莫闻知，欲哭无泪。我向狱方请代购笔记簿一本与“101 Best Songs”歌集一本。有时哼哼此书中的小曲子，曾择LAST LIGHT歌词译为中文，以便稍抒“笼鸟槛猿俱未死，人间相见是何年”的思念亲人之情。又尝研读佛经、《圣经》，以及戴季陶的“金刚原不坏，珍重火中身”的玑玉金言，调伏心灵。至今我仍保留了狱中的笔记本与“101 Best Songs”。一九五〇年，我出狱时，在“101 Best Songs”的封页上写下这些字：“38、11、1，39、9、1（入、出狱日期）、303（被囚天数）、天外天梦。”漫长的噩梦！

一九五〇年四月下旬，某日，内人收到台北某单位的通知，限于某日向该单位报到。内人事后回忆说，当天天气十分恶劣，风雨交加，交通受阻，没有车子通行，景况十分凄凉。内人时年三十二岁，虽是一介女流，而胆识过人，抵台北某单位后，接受侦讯。她对着侦讯室墙壁四周所悬囚犯惨遭酷刑、枪毙的照片，依然面不改色，光明坦荡，振振有辞地反驳情治人员之指控。当日即被饬回。那时，有人传说我即将被释回，结果仍然没有。只是离开牢狱我又被带往另一处不知名的村庄，拘留在较大的房间中，同室者有“国大”代表、游击队司令等高级人员，他们人生经验丰富，彼此谈笑甚快。

不知哪一日，桂“总司令”向美国提出代训海军人员的要求，美国顾问（或言是柯克上将）问桂“总司令”：“你们有自己优秀的海军人才，为什么不予派任？”可能桂“总司令”因此才向情治单位查询我因何案入狱？并要求，如无问题，应交还给海军。我因而被释。出狱后，桂“总司令”接见我，询问我与内人的生活状况。乃分配左营海军眷区自治新村一间房子给我，聊蔽风雨。嗣后“副参谋长”王天池改配了合群新村一间较为宽敞的房子。在被拘禁的期间，“海军总司令部”只发给我半薪，没有主副食等任何补助。被释后，“海总部”乃补足一九五〇年元月迄九月各月全薪，但是主副食不再补发了。当时我已改任上校附员，生活十分清苦。

被囚禁期间，因长期的营养不良，全身浮肿。出狱后休养了好一段时间，始渐康复。记得回家未久，有一次偕内人自左营到高雄办事，中途因体力不支，竟至无法举步，是日只得夜宿高雄。可见那时健康受损之严重。

《易经》曰：“无妄，灾也。”“蹇，难也。”这一段经历可以说是无妄之灾，莫名其妙地闭关十个月。前几日，在友人处见到一份桂“总司令”给太昭舰舰长林鸿炳（广东人，马尾毕业，民国二十年第二届全国招生入校）的电文（该电文系林鸿炳叙述当年经过手写稿）。太昭舰于民国三十八年四月自美返国途经夏威夷时，接到海军总司令部委托夏威夷美国海军当局转交的一封电文，林舰长并被告知须等太昭舰驶离夏威夷港区后，始得拆阅。林舰长如其所嘱，遵令拆阅，见电文曰：“着该舰长即将马尾海校军官暨闽籍官兵一概调离，以策安全。”（参见本讲附录林氏手写电文影本）。可见桂氏以为凡是闽籍官兵与马尾海校的毕业生一律有问题，却不知林鸿炳也是出身马尾海校。桂氏对属于前海总部的海军军官多感有可疑，并陈辞公所物色的人员，亦不例外，杨元忠氏在《借船参战与中国海军重建》（《传记文学》，卷四十四，期四）文中说：“桂氏为了建立个人威信，魏济民、林祥光两位犯了以‘年’计的牢狱之灾，周宪章在家‘闭门思过几年’。”（按：林祥光氏抗战中期任侍从室海军参谋，系策划海军重建的关键人物，民国三十五年在青岛任中央海军训练团主任。）

《论语·为政》篇，子曰：“道之以政，齐之以刑，民免而无耻；道之以德，齐之以礼，有耻且格。”经过三百多天的苦难，我则有另外一种领悟：“道之以人，齐之以情，因识而有差。”当政者不能以“情”治国，情治工作是由“人”治的，而“人”是有感情的动物，知识见解不同，故所认知所判断不一定正确。大陆之失败，部分即肇因于此。“保密防谍”目的为保命防跌，防止同袍误入歧途，应如保赤子般及时救之而非陷之。情治单位有如保健防疫机构自有存在之必要，然而自成系统不受单位主管节制之做法，则破坏组织功能，必须改正。英美情治单位秉持公开审理、公开拘提的做法，成效斐然。蒋经国先生说：“失败并不可耻，自己欺骗自己最可耻。”对于情治单位的做法，应予检讨，以谋改进。

民国三十八年，台海情势飘摇，当时有一句口号：“匪谍就在你的身边”，真可谓风声鹤唳，草木皆兵。无妄之灾的经历，慷慨有余哀，可以说是历史的悲剧。未死尚留报国身，我把这段经历讲出来，目的在说明史实，以作历史教训。（参看：严演存：《台湾之艰危时期》，《传记文学》卷五十一，期三）。

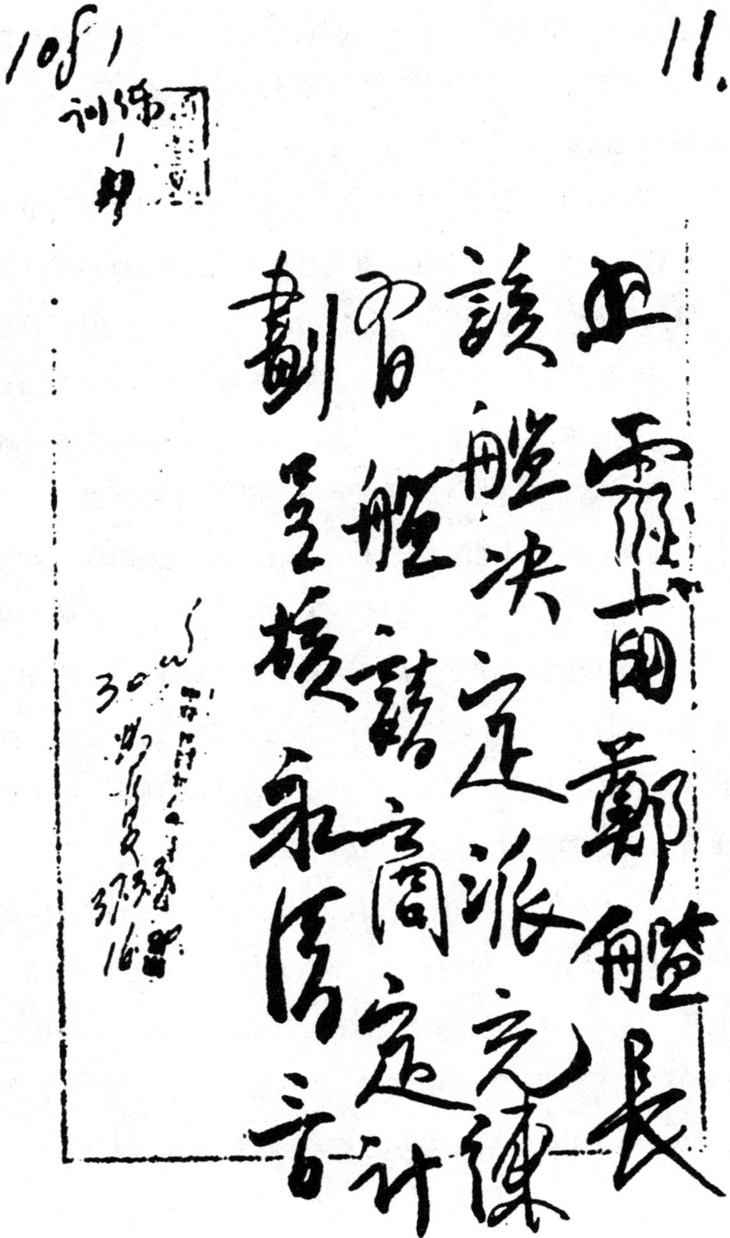
1051
11.
亟電上海鄭艦長
該艦決定派充練
習艦請商定計
劃呈核

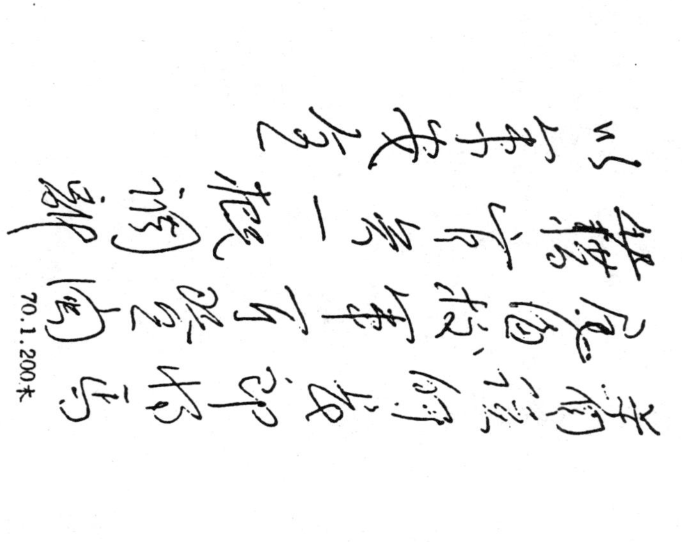
墾丁賓館
Ken-Ting House
TEL:088-881301 (HENG-CHUN)
70.1.200本

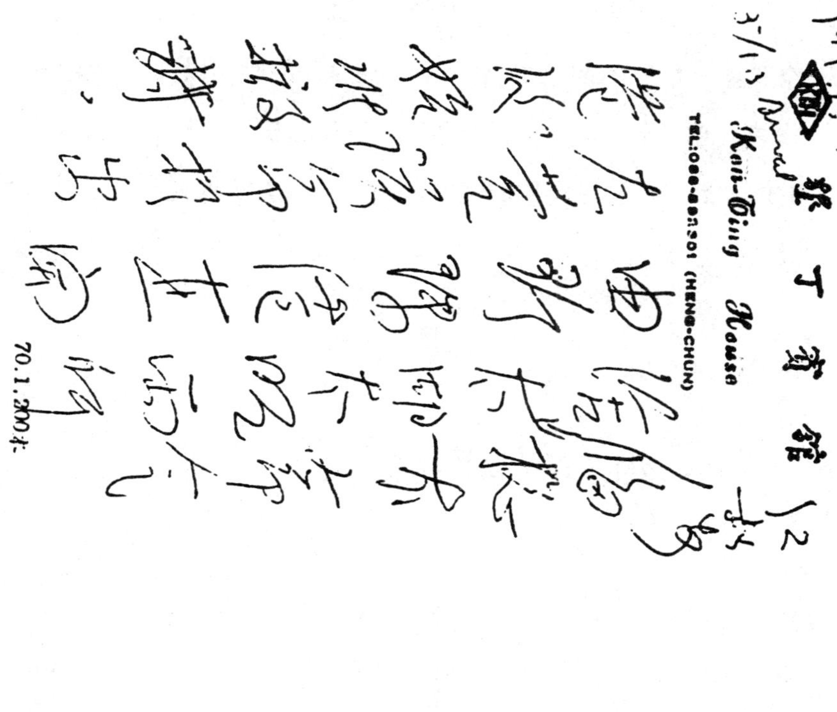
墾丁賓館
Ken-Ting House
TEL:088-881301 (HENG-CHUN)
70.1.200本

第八讲　教学相长

一、海军官校主任教官

一九五〇年九月，我奉派为舰队训练司令部上校附员。这个职务，并没有特定的工作，乃得将全副精神用以进修学业和修养身心。十二月一日，奉调海军官校通信科上校主任教官。其时，海军官校甫自厦门迁左营一年，自庆再有机会为“国”效力。

二、海军指挥参谋学校教育长

一九五一年二月，我又奉调至海军参谋研究班。先是“政府”拟设立海军参谋学校，商议虽久，但至一九五〇年初，始进行筹备。有关单位几经研究后决定，先成立“参谋研究班”，借第一期教育经验为蓝本，逐渐扩充为参谋学校。“海总部”乃于十一月下旬，派黎玉玺将军主持筹备事宜，定名为海军参谋研究班。一九五一年元月一日，参谋班编制，奉准成立。二月一日，派黎玉玺兼班主任，其余重要人事亦次第遴补，我担任教育组长，负责课程编排、教官遴聘与教材整备各种筹备工作，二月下旬及四月初，举行两次入学考试，录取学员二十名。四月十六日，先开学上课。一九五二年二月十二日，参谋研究班复奉命改制为“海军指挥参谋学校”。三月一日，奉准正式改校，并即以参谋班第一期为参校第一期，即奉调任为参校教育长并兼任“列强海军”、“国力的根源”（摘译自美国海军学校教材“The Foundation of National Power”）与“联合作战中的气象”等课程的教官。

参谋学校之校舍乃就左营前日本海军俱乐部改建而成，第一期学员皆系现任舰长、科长、参谋长等“校”级官员。本校因属草创，关于教官及教材之来源，得空军参谋学校、圆山军官训练团、陆军大学等单位协助，大体解决。

本校教官除军制人事、情报、作战、后勤、一般课程各系主任由本军人员担任外，另外分别向各单位礼聘兼课教官，如：

①陆大教官——高植明、谌志立、史双兴等。

②空军参校教官——尤家选、徐惕诚等。

③“国防部”人员——王仲辅、陈宗荣等。

④军训团教官——邹敏三、杜盛、桂通海、鲍必中、刘启

胜、左海兴、屠远航、夏保国、蔡哲雄等（日借教官，以上皆系化名）。

⑤美籍教官——皮德逊、赖宁格、包门、柯兰、彭克登等。

⑥造船公司——董事长李国鼎主讲原子弹效能。

⑦大学教授——方东美（台大）主讲“逻辑学概论”、沙学浚（师大）主讲“国防地理”。

⑧“外交部”人员——徐道邻主讲“列强外交政策”、薛毓麒主讲“联合国”。

⑨“行政院”人员——顾问周昆田主讲“本国边疆问题”。

根据过去服务海军的实际经历，我拟定了“公诚、负责、研究、守时”为学校校训，期望学员以此自励，海军参校第一期学员，全部选自海军，自第二期开始，因为要配合三军联合作战之需要，特地招收部分陆、空军的学员。

三、“国防大学”教官

任职海军参校期间，经常带学员赴澎湖、金门、马祖、东引、兰屿等外岛参观各岛防卫现况。并先后兼任“国防部”战略战术研究会海军研究小组上校组长与“国防大学”第二组上校教官。

“国防大学”系三军大学的前身。校长侯腾，教育长毛瀛初、副教育长周宪章。学员为陆、海、空军的军官，并有高级将官的旁听生（如胡琏等）。课程教材采用美军参谋学校的教材改编而成。内容以美军在太平洋作战时雷伊泰岛等战役经过为主。由第二组主任林文奎（粤籍，清华大学毕业，留意，空军出身）负责编译，由教官负责讲授，并配合以沙盘演习、参谋旅行（参观台湾各岛各军师团之现状）与部队演习（重点为“反攻大陆”“防御台湾”）等演练。

我在“国防大学”负责讲授“列强海军”、“军事气象情报”等课程，并指导联合作战作业。通常一两个钟头的课，至少要准备二个星期。讲课时，参酌美式教授法，严格控制各章节重点内容的讲授时间。

这段期间，往来左营、台北两地，十分忙碌。一九五二年十二月中旬，女儿郑真出世，为了筹措奶粉钱，曾卖掉了留英时期订做的呢军服，秦琼卖马，我卖衣。生活虽然清苦，却觉得很有意义。

第九讲 “国防部”行走

一九五四年六月一日，奉命调任“国防部”第五厅上校副厅长仍兼“国防大学”教官。第五厅（厅长胡献群）下分八组，设三位副厅长（陆海空军各一位），陆军副厅长李孟锐掌理一、二、三组业务。我负责第四、五、六三组的业务，空军副厅长（前汪治隆、中范光华、后王育根）主管七、八两组业务，彼此协调得宜。

承办业务概要如下：

（一）第四组主管“学校教育”。国军军官教育分为基础、专科、深造三阶段，我不时视察自大陆迁台的军事学校与训练机构及新近设立的经理、财务等学校。

（二）第五组主管“部队训练”。我常随同“部长”出外视察各部队，亦多次单独出外视察。有一次，奉命视察自大陈撤退至澎湖渔翁岛（当地有清季为防止外国侵袭架设的炮台，可通汽船）的反共游击队。在马公，首次见到了胡宗南、吉星文（时为澎湖防卫部司令及副司令）等将军。虽然当时我只是一名上校，但是胡、吉两氏对“国防部”派来的人员，态度都很诚恳、客气，大家一同商议解决游击队的各项问题。

（三）第六组主管“编译教材”。除了编译审订各军种用书、资料以外，并编译“部长”饬交的美军资料。

除了负责以上三组工作以外，另外又协办两项工作：

（一）筹办双十“国庆”阅兵：“五厅副厅长”依例担任每年“国庆”阅兵典礼校阅筹备会的主任秘书。对整个校阅行进过程，自调派部队、预演操练，到“国庆”日当天的阅兵仪式，任务繁重，都需要悉心策划，谨慎就事。

（二）协助策划“辅导委员会”之成立：“中央”为解决大陆来台后退除役官兵之就业、就养、就医、就学等问题，明令成立“辅导委员会”（筹备主任赵聚钰），安置退伍军人的生活。这是中国史无前例的创举，有幸参与此项工作，深感兴奋。

一九五五年大陈岛撤退，事前蒋公曾有死守该地之决心，经“国防部长”力陈得失，始决撤退。大陈撤退前，中共已击沉太平军舰攻陷一江山，并于大陈附近兴建路桥机场，共机可以随时起飞进袭大陈，而大陈岛距离台湾两百英哩远，岛上国军无法获得来自台湾有效之掩护与补给。

大陈撤退作业，在三天内完毕。总计美国海军飞机出动五千一百零二架次，陆军飞机出动一千八百余架次，撤退军民两万六千七百余人，物资八千六百余吨，平均每十秒钟撤退一名士兵，每七秒钟撤退一名民众，每小时撤退一千八百五十余吨物资。整个计划的成功，端赖“中”美群策群力，陆海空军各单位协调合作。

第十讲 华府岁月

一、“海军武官”

一九五五年六月，甫自澎湖渔翁岛视察归来，又被提名出任“驻美海军武官”。当时同被提名者三人，经蒋公圈选，由我担任斯职，并蒙召见垂询。随即将“国防部”第五厅“副厅长”职务交付他人护理，继之参加情报学校及“外交部”举办的职前讲习，如国际现势、美国内情等课程，复置办行装。直到八月底，始挈眷搭机经日本东京，转飞美国，经西雅图、芝加哥等地而抵达华府。在日本东京时，承“驻日本空军武官”钱祖伦招待照拂，曾任海军指挥参谋大学日籍炮术教官的刘启胜（中文化名）亦到我下榻的饭店会面。刘启胜日本原名为“西村春芳”。

抵美京后，因为前任“驻美海军武官”柳鹤图事前已与房东洽妥续租房舍事宜，故不用费事，将家眷安置妥当，立即向“大使馆”报到。“大使馆”随将我的英文履历与家眷资料函送美国国务院，再转函海军部，将资料编入该部发行的《海军武官名录》“Foreign Naval Attaches”中。这份刊物刊载了各国驻美国海军武官的通讯地址、电话、配偶姓名与副武官资料等。书后“Precedence List”部分，序列了所有驻美海军武官之官阶及资历。一九五五年，我初抵美国时，在“资序表（Precedence List）”上名列上校阶级第六位。任期届满返回前夕，升到上校阶级第一名。

“海军武官”上对“国防部”直接负责，但是归驻在国“大使馆”指挥管辖。“武官办事处”设于“大使馆”对面楼房，其时以经费短绌，人员编制简单，“武官”之下仅设“副武官”一人、秘书一人（与“空军武官”合用）、会计一人（与“空军武官”合用）。我“驻美”三年半期间，前后历经了顾维钧、董显光、叶公超三位“大使”，他们与“国防部长”俞大维先生，皆一时之望，才识明敏，相处和谐。

在担任“驻美武官”任内，经历的重要事件，举其特别可述者：

（一）代表“政府”办理接收美国赠舰：一九五五年九月接咸阳舰；一九五七年三月二十一日，在洛杉矶接中熙登陆舰；七月十五日，在西雅图接五艘巡逻艇（P. C.）；一九五八年七月在旧金山接中富登陆舰（L. S. T.）；八月五日，在珍珠港接中程、中明、中强三艘登陆舰；十月二十一日，在西雅图接中治、中弼舰；一九五九年二月六日，接南阳舰。接舰前的准备工作，与接舰仪式中的致词，事先都须缜密筹划。

在美期间，由于参观接舰等许多机会，行迹几乎遍及美国各要港、基地。如东部的罗得岛、新港、纽约、费城、巴尔的摩、诺福克、查理斯城、巴黎斯岛、基维斯；中部的大湖、芝加哥、摩比尔、宾塞可拉；西部的西雅图、旧金山、蒙特瑞尔、洛杉矶、圣地雅哥、檀香山等地。

（二）我人员往来之接待：如俞“部长”每年循例在耶诞节前后，赴美停留一至三个月，名义上是做健康检查（俞先生在未返回担任“部长”前，左耳下侧曾经罹患癌症，经开刀治愈，此后每年仍定期赴美国海军医院检查），实际则与美国各部会有关方面洽谈与美军事关系，改善对台军援事宜。俞“部长”来美期间，从入院检查，到访问海军友人卡尼、雷得福、柏克等及处理有关事务，多由“海军武官”负责安排，因其时美太平洋总司令部系归海军军令部管辖。俞先生嗜读书，他博闻多见，议论卓荦。一九五五年我军事访问团赴美参观，团长周至柔（副团长黄杰、黄镇球）率领，代名为“星云演习”，一行十五人（包括军长以上及翻译人员）来美参观各项军事设施，军用原子能研究情形与各重要工业、工厂等，为期一个月。在此期间，“驻美三军武官”曾陪同访问团团员拜会美国共和党议员诺兰等人。一九五七年四月，海军梁“总司令”，应美国海军部邀请赴美，在美期间，参观美国东、西两岸海军各项设施。记得梁“总司令”曾在美国南部与即将赴台就任的窦亦乐将军 Adm. Doyle 晤谈，今天台北市的“七海新村”最初就是为了来台担任台湾协防司令的窦亦乐将军所建。海军员生、士官来美受训到华府旅游，我都曾亲自接待或驾车导游。

（三）社交活动：外交人员的社交活动，即代表本国政府的活动，“驻美”期间，除了拜会资历深的海军武官以外，并常与英德海军武官联系。其他的社交活动，如每个月举行一次的海军武官团酒会，特殊节日宴会，海军武官团参观访问美国海军学校、训练机构、新式军械等。经由这些活动，结识了梅乐斯、丹尼生、毕克莱、卡尼、周以德、贝克难、米勒、季维德、霍普武德、安德生、欧丹努、威力生等人。记得在某次酒会中，美国海军军令部长柏克（BURKE）问我：“你去过芝加哥吗？”我答：“没有！有机会想去参观芝加哥海军训练中心！”柏克即告：“过两天你跟我一道去芝加哥！”随即吩咐其侍从参谋准备行程。柏克此行乃赴芝加哥演讲。登机以后，他开始撰写讲稿。写毕，嘱其侍从参谋将讲稿拿给我过目，十分谦虚。深秉海军传统，不当我是外人。

“驻美”期间之其他业务尚有情报搜集与报告、采购团之联系、军援之接洽与病患人员之处理与善后等，不再赘述。

当时，因为职务繁忙，所有业务必须事先安排时间表依次办理。为此，我特别在后腰下右侧口袋内，放置了一个小型闹钟，提醒自己，闹铃一响，立刻着手进行下一项预定的工作。担任“驻外国武官”，所有公务多无前例可循，必须独当一面。此一阶段服务，我秉持着“言忠信，行笃敬”之古训，不卑不亢，实心任事，因而结交了不少友人。

一九五九年二月，奉调返回，卸下“海军武官”的职务。三月初，乘“招商局”海宿轮离开费城，经巴拿马运河、檀香山及日本名古屋港，于四月底返抵基隆。在美担任“武官”，为期三年半（前后横跨五个年头）。任内前后三位“驻美大使”，顾维钧先生精干活跃，经常赴美国各地演讲。一九五六年董显光继任“驻美大使”，一九五七年台北发生了“五二四事件”（刘自然——雷诺兹案），董“大使”在美国电视节目“Face the Nation”中，接受记者访问，并回答记者所提出的问题。记得当时他强调一点：“这是群众事件，政府无法控制。”一九五八年八月，叶公超继董显光出任“驻美大使”。犹记在八二三炮战发生后，叶“大使”在“Meet the Press”电视节目中，接受记者访问，应付得宜。当时曾将整个访问过程录音存档。叶“大使”退休后，我在一次拜访中，获知他并没有这项录音，遂将此录音带转送给叶先生。

二、“驻美”心得

一九五九年十一月，我向“国防部”第二厅提出“驻美”三年半的工作报告，题目为《美国海军与美国国防》，冀我有关当局能了解盟国本身面临的各项问题。

报告大要为：

一、前言：分（一）来去行程，（二）报告目的两部分。

二、影响美国国防的几件国际大事：

（一）一九五五年——①美与中共在日内瓦谈判；②艾森豪总统罹患心脏病；③十月二十二日，南越保大政府之内阁总理吴廷琰乘保大旅行欧洲之际，举行公民投票，改建“越南共和国”，废保大王位，以吴廷琰为总统。

（二）一九五六年——①苏伊士运河危机：苏伊士运河自一八六九年在埃及开凿以来，由国际性的公司管理经营。一九五六年七月，埃及总统纳萨宣布将苏伊士运河收归国有，由经常使用运河的十八个国家组成新的经营机构，结果未能成功。十月，以色列指责埃及计划攻击该国，派军越过西奈半岛，直逼苏伊士运河。英法亦派军登陆运河区。美国要求英法立即停火撤军。迄一九五七年三月，苏伊士运河始恢复通航。英法势力撤出中东后，苏联乘隙侵入中东，利用阿拉伯民族主义，在约旦、黎巴嫩等地进行渗透颠覆活动。②十月四日，苏俄发射第一枚人造卫星（史普特尼克一号）（Sputnik I），打破了美国武器的绝对优势地位。③埃及与印度尼西亚承认中共政权。④六名美国陆战队受训士兵在巴黎斯岛受训时溺毙。⑤波兰反俄政变，戈慕加当选第一书记。继而匈牙利革命，全面暴动，终告失败。

（三）一九五七年——①三月，美国会通过艾氏建议，授权总统得以军事及经济援助，支持中东国家，抵制国际共产主义的侵略，是为“艾森豪主义”（Eisenhower Doctrine）。②四月，英美联合派兵进入约旦，阻止纳粹分子的颠覆阴谋。

（四）一九五八年——①美国国内因黑白分校问题引起暴动，联邦政府派军镇压。②八月二十六日，俄国宣布 MX-28 洲际飞弹试射成功。③伊拉克政变。伊拉克国王费瑟二世被杀，亲纳瑟及苏俄的卡塞姆（Abdul K. Al-kasseem）改建共和国。此后，伊拉克改走反西方路线，并参加多次以阿战争。④十一月，赫鲁晓夫向西方国家发出一项最后通牒，限定西方国家在六个月以内同意撤出柏林，届时苏联将把西柏林的对外交通路线控制权全部交给东德。由以上叙述，可以了解美国当时的处境。我们经常忽略美国本身在内政、外交上所面临的各项问题，而以台湾本身的利益做优先考虑，凡事皆希望美国配合我方的脚步，故于美国所为每致失望。我方似应考虑美国政府的实际困难。

三、美国国防：

（一）国防预算——①编制过程；②一九五九年度预算大概：1. 国家支出总预算（七百三十五亿美元），内含防卫预算（四百五十九亿元），占百分之六十四；2. 防卫预算内含国际事务财政及军经援（三十九亿元）；国防预算（四百二十亿元）；3. 国防预算内含陆海空军（三百八十五亿元）其他（三十五亿元）；4. 海陆空预算内含陆军（八十九亿元）海军（一百零九亿元）空军（一百八十七亿元）。由以上可知，美国海军经费预算所占比重并不多。

（二）军事建设政策——①备战防俄；②防卫、吓阻、报复。

（三）防卫——①大陆空防（空防组织、空防系统——预警、截击、消极防空）；②海防；③广结与国，遍建基地。

（四）备战（吓阻与报复）——①攻势防御之准备（投掷核子弹）：1. 轰炸机：战略空军、航空母舰；2. 飞弹：远射程、中距离、北极星。②备战重点与问题：1. 战争形式（全面战、局部战、热战、冷战）；2. 兵器价值（如飞机造价相当于等重量之黄金价格）；3. 空间与时间；4. 兵器系统；5. 指挥系统。

四、美国海军：

美国海防由作战部队、海军部、陆上机构三部分组成。（一）作战部队——指各舰队、各海上部队、各海疆部队、各军区部队，及临时分派之海军陆上机构部队单位。（二）海军部。此为海军组成之执行部门，含海军部各署处室、委员会等，及陆战队司令部并海岸巡防队。由海军部长督导全部海军事务，军令部长指挥助理，副部长技术助理。（三）陆上机构。为所有海军组成之其他单位所构成，包括未被分派之所有陆上单位。

美国海军的基本政策是以海军为一彻底完整之实体，保持充分的海上、空中兵力，会同其他武装部队，以维护国家政策与国家权益，支援通商贸易与国际业务，并保卫美国，包括其海外属地与保护国等。其任务为制海（并其空间与水中）为我用不为敌用。飞弹时代海军的特色为（一）机动、集中、分散、奇袭；（二）吓阻、报复力量的保持；（三）冷战、局部战的功用。

我在这篇演讲中，引述陈“副总统”诚于一九五九年国父九四诞辰的报告作为结论：“只要我们有决心，有信心，任何人也不能损害我们，我们相信美国政府及其人民的智慧和勇敢，是经得起考验的，决不会轻信苏俄的和平谎言而牺牲了自己的理想和原则；也决不会在敌人的大炮威胁之下后退，使各国对于美国的信心动摇，而陷美国自身于孤立。同时我们也有理由相信：国际局势的变化可以影响我们反共复‘国’的事业，但我们自身坚强的奋斗，同样可以影响国际局势的变化，去年台海之战就是最近一个例证。我们并不是大海中的无根飘萍，乃是抵抗共产主义的中流砥柱。”

一九六一年八月，应国防部情报局班邀请，对“武官工作”做两个小时的演讲。我首谈入国问禁、入境问俗、彼此顾问、公私分明等原则，作为引子，接着分就武官工作的环境、对象、范围、设施与时间向学员们提出报告。大意如下：

（一）武官的工作环境：包括华府、五角大厦、国会图书馆等。在美国，很多事件都是“公开的秘密”，只要细读报章杂志，整理分析就有充分的情报资料，不需要做谍报工作。

（二）武官的工作对象：武官是情报官，也是外交官。不但要获取情报，也要争取友谊。它的工作对象包括大使、学生、过往长官、侨胞、外交人员、武官团等。

（三）武官的工作范围：因为“驻美海军武官”办事处人员编制有限，往往“武官”一个人必须身兼“外交”、交际、司机、园丁、译电、报告、参谋、传达、“副官”……等职务。

（四）武官的工作设施：武官处组织简单，电报局、航空站、报章杂志的利用与驾驶执照的重要性。

（五）武官的工作时间：因为业务繁忙，时间的支配对武官而言十分重要，同时必须谨守“准时”的原则。

最后针对学员们提出的“金马”、“总统继承人”、“台湾人”、“大陆政权”等问题，加以阐述。并以“不卑不亢、争取与国、争取朋友、亲仁善邻、言忠信、行笃敬、充实自己、为国争光”勉励学员们。

一九六二年二月，我应邀对官校留美人员储训班同学讲授“国际礼节”。我综合了历年在海军与“武官”任内之所得，向官校学员们提出报告，内容包括五个要项：

（一）概说：“恭敬庄俭而不烦”。就“明礼”、“国际礼节”、“国际标准语汇”三部分讲述。

（二）生活：“容止可观，进退可度”。包括食、衣，住、行、容止五部分。例如西方人习惯取用座位右手边的杯子，左手边的碟子。刀叉自外向内依排列顺序使用。牛油碟、调味瓶等如离座位稍有距离，应请邻座传递，不可自行伸手隔座取用。

（三）社交：“礼从宜使从俗”。下分：称谓、介绍、拜访、名片、婚丧喜庆、花等六项。

（四）酬酢：“礼尚往来”。往而不来非礼也，来而不往亦非礼也。我向学员们讲解宴会、酒会、茶会、舞会、园游会、生日会等不同场合应该注意的要项。

（五）结语：“言忠信，行笃敬”。不论在任何场合都要不卑不亢，诚恳谦和，以毋不敬与“学问”之原则应对之，如此则不致偏失。举“学问”而言，不但须知应酬之术（交际），亦须具备折冲樽俎之才（外交）。

在此附带一提，海军因是国际军种，故其礼仪规范十分复杂。很多人因不明了海军的特性，以致常有外行人说内行话的情形发生。龚德柏先生尝就我海军向日本海军施放礼炮事，提出评论。他不知依海军礼节，军舰与非交战国之外国军舰相遇时，须由资浅者先放礼炮，而与非交战国外国军舰同泊一处时，须同时施放礼炮。

三、在华府所见的八二三台海作战

基于我方与美方互相需要的事实，增强我军的战力，等于增强美军战力。我方向美方洽谈原则，是绝不以美国士兵投入中国战场，而以增强我方军队装备作为支援，如在陆军改编前瞻部队，在海空军则助我更新、增强武备。

一九五八年，俞“部长”自美返回后，经常搭机前往前线侦察中共部队集结活动的情形。六七月间，共军部署逐渐增多，判定共军行将进犯金门，故我方于八二三炮战发生前夕，已知共军即将来犯，而有所部署。

八月二十三日下午，共军突以各型火炮分由厦门西北之围头、莲河、大嶝、小嶝、厦门、镇海等地，对我金门岛群突施火力奇袭，正式展开了为期月余的台海之战。二十七日，艾森豪总统对中共提出勿进犯金马的警告，我方与美方空军举行联合防空演习，美国驻地中海舰只驶台海增援第七舰队。我与共为阻止美国的护航，在国务卿杜勒斯于九月四日发表“新港”声明之同日，宣布其领海为十二海浬。九月七日，苏俄赫鲁晓夫致函艾森豪总统，大施威胁，谓美如攻击中共，即被视为对俄国的攻击。十一月，艾森豪发表广播电视演说，支持台湾对付来犯共军之立场，稳定了台海局势。于此期间，国际情势非常险恶，对我方极为不利，迫我放弃金马的压力，与日俱增。（如英国首相麦米伦 Harold Macmillan 向美国国务卿杜勒斯转达大英国协的共同意见，认为金马等外岛应予以非军事化。又，就在艾森豪向全球广播的前数小时，国防部长麦艾乐 Neil Mc Elroy 向艾克呈报参谋首长会议的看法，参谋首长们认为台湾方面应将驻防金马的重兵撤出，仅留少许部队作为前哨……。）但是我“政府”认为就军事观点而言，台湾一岛纵深不够，若遇突发事件则无处可退。有了金马两个据点，则扩大了台湾四周纵深。故金马绝不能放弃。俞大维先生在此横逆境中，居间斡旋，促美方发表声明，稳定台海危机的情势。其运筹帷幄之功，实不可没。大凡任何事件之成功，绝非是一两个人的功劳，而是团体群策群力努力的结果。（人之好善，谁不如我。）八二三炮战时，金门防卫部海军副司令官高举（超然）因坚持确见而背负黑锅竟遭调职。盖当时美军顾问团顾问主张以L. S. T. 登陆舰直接靠滩头卸仓，而高氏以登陆舰易遭敌炮击，主张登陆舰停留外海，增辟滩头以小艇驳运，分散敌炮火，减少兵员物资的损失。未料，此议引起了美军顾问与我方部分人士之误解，以为我海军怕死。将此事呈报总长，转呈蒋公，将其调职。事后，胡琏、孟述美等皆对高氏致函慰问。但今日写八二三台海战史者，鲜有知道高氏当时受屈情形（见本讲附录）。

在四十六天炮战期间，当时担任"国防会议"副秘书长的蒋经国先生在烽火满天的情况下，经常到战地各处视察，鼓舞军民，提升士气。而远在美国的我"驻美使节"，在炮战期间，则随时聚集在美海军军令部长柏克办公处所的战情室，听取立即的战况简报。

超然副司令官吾弟大鑒：

頃接九月七日來書，敬悉種切。此次吾弟之事，余於九月八日黎副總司令抵達金門時，微有所聞，惟以語焉不詳，未能忖度，雖先後曾致電　總長解釋，迄未奉覆。今讀來書所云一切，始悉個中詳情，乃係美方誤會所致。當日不令海軍船隻搶灘，以免人船兩失，原由余所決定，而為吾

伯玉用箋

月　日

弟所執行者，故於護運結果，卒使七百餘員之新兵，安然到達。若直接指揮，決不如此，且來美海軍數次護航，吾船團均不能指揮下部，且受匪砲損害甚巨，即為明證。由此以見吾人其時之決策，認為正確，亦實以此乃有使吾弟受屈，余亦至感不安。余為吾弟之長官，一切責任，自應由余負担。現已親筆另函總長，詳陳始末，俾邀明察，諒以吾

伯玉用箋

月　日

弟之忠貞盡職，志操純正，必能有所大白也。否則即以此七百餘員之新兵，以受吾弟措置得當之所惠，得勝無慮，自亦功德無量，諸希不必有介於懷是幸。

專此敬覆並頌

近祺

胡璉手啟

九月十四日

伯玉用箋

月

金門台字〇九九〇附號信箱用箋

攀公學長：

手教拜悉，別來無恙，衷心歡愉。此間炮戰已告一階段。金門已成世界名戰場，地球上最昂貴的一塊小島土地了。回憶炮戰初期，日常侍隨海岸，開闢灘頭，整飭漁港，巡視加炮陣地，進行於亂炮煙硝中。尤其八月廿七八兩日，隨公選擇夏興、洗坑、尚義、坑口、昔果山、後湖等六個灘頭時，自晨至暮，莫不在亂炮射擊下出入，彈痕處處，數以計萬，行

金門台字〇九九〇附　號信箱用箋

走其間、惟未戰死、亦未負傷、誠不幸中之幸、但亦屬遺憾耳、金門灘頭在匪炮封鎖時　實施浴血運輸、反封鎖之運補成功、多仰賴　公在金門期間、籌劃新闢灘頭、分散敵火、明智之措施基礎、此間陸軍運輸官兵、无念、不能忘懷也、現仍兼任灘頭指揮所、日夜奔忙於灘頭、其中有苦、但亦有無窮樂味、自信能勉力完成使命　惟祈時賜教言、以匡不逮　謹叩

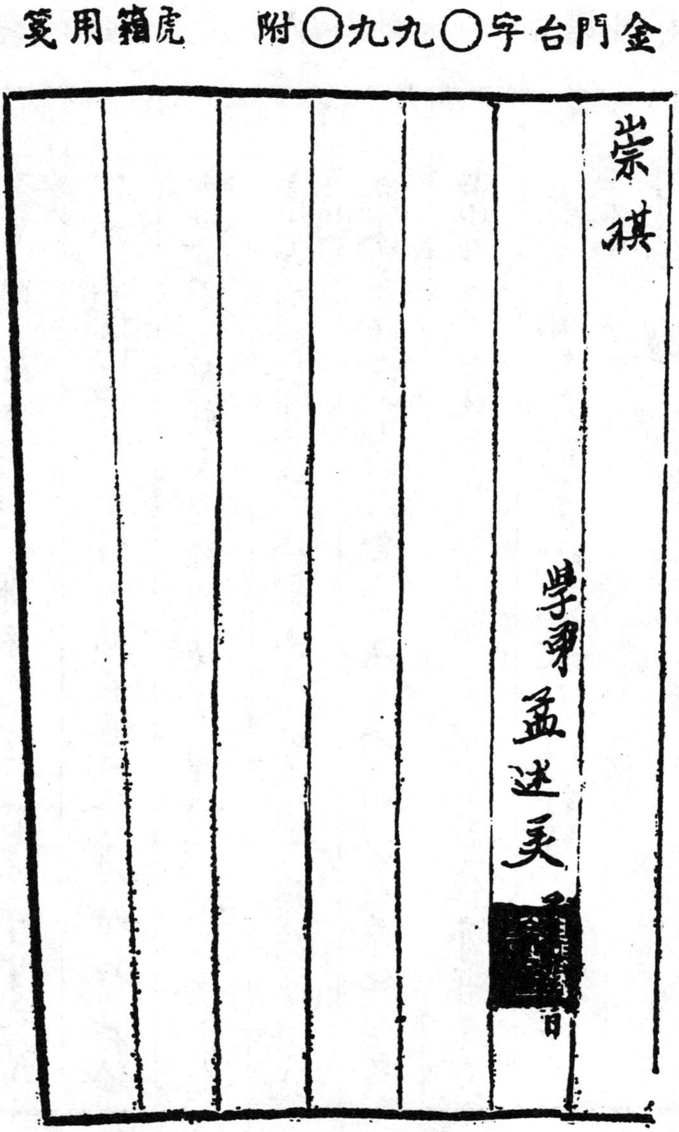
金門台字〇九九〇附　虎籍用箋

崇祺

學弟 孟述美

第十一讲　督察人事

一、督察长

一九五九年四月，我自美返台，七月奉令出任“海军总司令部”督察长，同年九月复奉令兼任“海军总司令部”人事副参谋长。一九六〇年曾经应美国海军督察长之邀请，前往访问，视察美国海军督察业务。

督察长的工作：

（一）担任海军每年年终校阅组的副组长。

（二）视察各作战单位及指挥等单位（如舰队指挥部、舰队等），发掘问题，呈“总司令”协调解决。

（三）主持海事法庭，研办海事案件（如船只搁浅、碰撞……等海难事件）。调查事实经过，提出失事评论、失事教训，供上峰参考。兹举一九五九年奉令调查海军玉泉舰失事案，所作报告为例（请见本讲附录）。

二、人事署长

一九六一年九月十六日，奉令调任“海军总司令部”人事署署长，该署职掌人事、教育、眷管三大要务。我在处理各项人事调配业务时，秉持着“为事择人，人尽其才”的准则，处事公正诚信，故在此间服务二年有奇，工作虽繁忙，与同僚相处却和谐愉快。任内曾综合在英国求学经验所得，配合美军顾问团海军组一九五九年有关建议，策划官兵教育训练机构的改制，以提高人员任用、装备使用的效率，算是一件重要的成就。为了军中问题人员的管训，曾本老子圣人常救人故无弃人之训，我提出“五教”（包括教育、教练、教养、教导、教化）的方针，请负责管训单位，深入发掘各员生的问题，个别施教，以感化之。冀化无用为有用，为社会贡献力量。目前的社会青少年犯罪日增，亦亟需要有心人士从事这方面的工作。

事成于“人”，曾国藩一生的事业成就最主要的因素在于他知人善用，有一套很完美的人才政策。司马光尝言：“为政之要，莫若得人，百官称职，则万务咸治。”其关系都在乎“人”。这指明人的因素，决定事情的成败。针对需要，拟订了任内施教方针及实施要领：

（一）进的方面：依据盈缺状况，充裕人员需求。①征召——依据人员损耗盈缺需求状况，并配合预备军官与常备官兵役期届满之输退，透过人参室人力管制部门，事先筹谋申请补充，俾官兵缺员能适时、适地、适质、适量获得补充，并于入伍报到之初，施予性向与智力测验，以利分科施教。②考选——征召人员，因服役时间较短，工作甫称熟练，即届退休之期，为了建立海军核心分子，用以巩固海军根基，加强战斗实力，发挥工作效能起见，海军官、士两校每年均办理招生，官校定期招考，士校则经常考选，分期入伍。③聘雇——军中无力养成之特种人才及不必接受军事教育之普通工作人员，依照需求，实施招考聘雇之。

（二）选的方面：切实选拔人才，发挥人员潜力。“选”为任用取材，用之是否得当，端赖取材之功。选贤之道，重要观察考核，盖观察为横，考核为纵，果纵横兼施，则能舍短用长，进而达到适才适职之境地，惟以观察考核，标准难期一致，因此必须建立遴选制度，以思想、品德、才能、学历、经历、奖惩、考绩、年龄、体格及各种遴选派职标准等，据以调制遴选名簿，予训予用，培育提拔，庶几朝无倖进，野无遗才。

（三）训的方面：健全教育体系，计划培育人才。教育为树人百年大计，变化官兵气质，以树立其“国民革命”中心思想信念，灌输科学智能，以运用改良并创造新式武器装备，提高官兵素质，以增强战斗力量。惟教育体制，必须符合建军要求；教育内容，必须赶上时代进步；教育方式，必须启发诱导；受训人才，必须配合人事需求，以用之经验，施之于教；以教之成果，施之于用。尽量充实教育设备，争取内外及友军代训与留学员额，遴选优良师资，以竟教育事功，适应战时紧急状况，求专求精，即训即用。

（四）用的方面：公正人事任使，有效运用人力。“用”为教育之最终目的，故借“分类”用其所长，使之适才适职。借“经管”历练不同职务，以培养通达干才。借“瓜代”轮调艰苦地区服务，以平衡官兵劳逸。论“功绩”拔擢优秀人才，用以激励官兵上进，配合调训、分发、晋升、退除，实施定期轮调。利用舰艇大修与学校假期，调整舰艇及师资人员。此外尽量消化额外，管制专才，控制任期，务使员额维持平衡，杜绝派职不当现象，使各级官兵，在安定中求进步，在进步中求发展。

（五）退的方面：沟通进退管道，促进新陈代谢。欲求人员新陈代谢，必先沟通进退管道，果退而能安，则退无后顾之虑。然退之作用有二：一、为求人力转移储备于民间，以应尔后动员之需要。二、为使现役老弱离开军中，使部队保持精壮。前者着重管理掌握，后者着重妥善安置。惟后备军人管理权责，向属管区，有关掌握方面，尚待研究加强，而安置虽有就医、就养、就业之举，但须改进之处颇多，必须陆续建议“国防部”加强实施。

（六）人勤方面：加强人勤作业，激励军中士气。人事勤务为考核人才与激励士气之工具。故考绩必须慎重切实，重在发掘人才。奖惩必须公正严明，重在规过劝进。休假旨在调剂官兵身心，但必须有人兼代业务。婚姻必须调查翔实，防止共谍以色引诱。而抚恤保险之给付以及留守业务之处理等，务求迅速确实，以重官兵权益。

（七）眷管方面：加强眷管业务，力求安定军心。眷管业务，直接影响军眷之权益与福利，间接影响部队之战力。故各项有关措施，均应适时适切，公平合理，务使前方及舰上官兵，无后顾之虑。基于上述，必须随时调查统计分析未配眷舍之有眷官兵资料，尽力向“国防部”争取眷舍，以提高对本军眷舍之分配率，并依积分计算办法，作公平合理之分配，同时加强遗属及贫困军眷之照顾与救济，辅导眷村自治。尽力争取军眷之福利，使有眷官兵，不为眷属之拖累，一心效忠效劳，以增强部队之战力。

（八）资料方面：健全人事资料，据以衡量人才。盖选拔人才，必须有一定之标准加以衡量，然而衡量人才之工具，则惟健全之人事资料是赖。故必须配合人事制度，充实其基本与应用资料，保持最新纪录，即彻底检讨与核对军官历年受训学历及奖惩记载，办理兵籍资料之校正补充，编审军官战历表，建立军官甄选卡，从事军官动态资料之搜集，核计士官士兵之服役年资等，以利人事作业上之需要。

（九）宣导访问方面：沟通各级思想，澄清官兵观念。为了沟通官兵思想及澄清其观念，以期对人事教育眷管等政策制度之协力进行，获致预期之绩效，须将有关政策、法制之意义及精神广事宣导，故不时实施访问，用以发掘问题，检讨改进。

（十）缺点改进方面：力求发掘缺点，促使全面进步。凡事要求进步，必须寻找缺点，亦惟有发掘缺点，方能促进进步，故必须勉励所属就各方接触中，力求发掘缺点，以谋改进，并针对缺点之大小，或作全盘检讨，或作局部考量，轻微者登记改正，重大者研订计划列入管制，切实执行。

（十一）业务管制方面：加强业务管制，发挥督察功能。为切实掌握全署有关人事、教育、卷管等各项措施之有效推行，对每一项业务之计划、执行、检讨、改进等阶段，都加强管制，以发挥督察之功能。

（十二）行政方面：加强行政管理，力求简化业务。对行政管理方面，第一是行政支援：各项业务如欲顺利进行，惟以行政支援是赖，故行政部门，必须针对其他部门之需要，务必适时适切，作有效之支援，以提高其工作效率。第二是文档管理：公文之处理，贵在及时有效，故公文之查询必须彻底，档案之管理应遵照规定随办随归，但为适应各承办人员之需要，亦须随调随供，故档案之整理归纳，必须做到迅速确实，并加强其安全与保防等措施。对简化业务方面，各种业务处理之程序与方式，必须力求简化，以期合于新、速、实、简之要求。

海军玉泉军舰失事调查报告

第一节　失事经过

一、玉泉军舰主机故障漂流

一九五九年十月一日，海军玉泉军舰装载轻柴油一〇〇〇吨，由高雄驶往基隆。起航时间在一〇〇一、〇七三〇，气象报告风力三至五级。

一〇〇二、〇二四三该舰航经苗栗附近海面时，发现主机第五缸漏烟，停俥检查后随将该缸油门关闭，并减速至二〇〇转继续向北航进。

玉泉一〇〇二、一二一五电报六二·八称：

“风大汹涌，航速仅三浬。”

一〇〇二、二一〇〇玉泉到达白沙岬南部海面，船位25° N、120° 52′ 12″ E，主机第四第六两缸亦有漏烟现象，并杂有漏气声响。

再一次停俥检查后发现汽缸盖体内之回止阀漏气，致排气逆流洞穿空气统之控制阀使主机无法再启动，该舰限于工具人力无法修复。

玉泉军舰遂开始漂流。

二、电请救援后被寻获

玉泉漂流以后一〇〇二、二一四〇发电请六二・八派舰救援。

六二部队获知玉泉漂流待救，当于一〇〇二、二三二五电派由马祖及乌坵返台途中之德安、美珍，就近驰援。

德安军舰一〇〇三、〇〇二五接电后转向援救玉泉，一〇〇三、〇五三〇驶抵 25° 51′N、120° 40.5′E 处。雷达接触发现玉泉方向 160° T 距离一九五〇〇码，在中港泊地以西海面 24° 44.5N、120° 44′E 处漂流中，根据德安之测算，玉泉当时漂流速度在二至三浬间，漂流方向为 220° T。

一〇〇三、〇六〇〇三舰均已取得联系，美珍后锚缆未能解下，船上别无拖缆，且淡水缺乏。既无法协助拖带，经请示后美珍遂行离去，一〇〇四、〇六〇〇返抵高雄。

三、德安对玉泉之拖带

德安一〇〇三、〇六〇〇与玉泉联系后，双方准备实施拖带。在八级强风中，一〇〇三、〇七四〇第一次带缆失败，一〇〇三、〇九四〇第二次带缆成功。

德安所用之拖缆为其仅有之二吋钢索，长六〇〇呎。与玉泉三节锚链联接后，一〇〇三、一〇一〇开始朝向澎湖水道拖带航行。所用航向二二五度，速力七节（后经测算实际航速仅及四浬）。

拖带航行途中，玉泉舵机故障。舵轴迫紧漏水，后舵房进水，操舵困难。跟踪不稳定，时与德安航向成 90° 直角。拖缆极度吃力，有随时绷断可能。

德安遂请玉泉稳住航向，并建议使用笨舵。玉泉接受建议，排除后舵房浸水，操笨舵随行。

一〇〇三、一五一五玉泉电报总部称锚链变形，强度恐难忍受。处此恶劣气候中，请派他舰助拖。

总部以及舰指部，当时极端重视光复演习。兼之大字号拖船多艘，情况不佳，形同瘫痪，遂未派出大字号拖船或大字号护航舰。在此之前，第三军区司令部，曾向基隆港务局洽商，促请招商局救难船民三〇五号拖救玉泉。民三〇五号终于一〇〇三、一三〇〇出基隆港，沿白沙岬至澎湖航线搜寻。该船上无线电机未修好，仓促出航，与基地无联络，终未寻到玉泉而驶抵马公碇泊。

一〇〇三、一七〇六德安已将玉泉拖带至24°9′N、120°9.5′E，玉泉锚链拖断，德安绞收钢索，准备再度拖带。九级风之下，绞缆受力剧烈，终告绷断。全部钢索脱坠海中，再无拖缆可用，而玉泉又随波逐流矣。

四、玉泉之再漂流

当一〇〇三、一七〇六玉泉再次漂流时，德安除以一〇〇三、一七二五电报报告外，仍游弋玉泉附近照应，且建议玉泉须行悬挂救难标志。

六二部队闻讯后，一〇〇三、一七〇六电饬两个支队六二•五、六二•六，各派舰一艘驶往24°9′N、120°9.5′E救援。玉泉雷达在一〇〇三、二一三〇故障，由德安告知其船位约在大肚山以西一五浬。一〇〇三、二二一二德安自身锅炉故障，舵机失灵，水柜漏裂。于一〇〇三、二二三〇时仍能瞥见玉泉灯光，唯以灯号呼叫及无线电话呼叫，均未得其回答。

一〇〇三、二三四七德安与目斗屿距离接近，而向北转向困难。为免意外造成更大损害，乃顺风朝向澎湖水道慢速航行，迨一〇〇四、〇五〇〇浪涌稍微时，复北驶寻护玉泉。

一〇〇四、〇六四〇德安在接到六二部队一〇〇四、〇六〇〇电时，曾将玉泉在一〇〇四、〇二〇〇之船位 24° 05′N、120° 05′E 通知永修舰。随后德安于一〇〇四、一一三〇驶抵高雄。

五、永修相遇错过

在德安于一〇〇四、〇〇〇〇为自身安全计，向澎湖水道方向慢驶后，玉泉与德安之间联络即已断绝。玉泉之记载上曾有一次以电话呼叫德安，唯无回答，亦即惒置。玉泉未向救援单位联络，超逾六个小时。

永修一〇〇三、二三三〇接奉六二•六命令，赴援玉泉。于一〇〇四、〇〇二〇开出马公港口，冒十级强风，驶向一〇〇三、一七〇六玉泉锚链拖断之位置。此为永修军舰，所仅知之玉泉船位所在。

一〇〇四、〇六三〇永修推算船位在 23° 39′ 13″ N、120°48′48″E，航向〇三五度。此时发现左前方八〇〇〇码处，有“类似拖船”之船只一艘。灯号询问后，仅见对方灯光闪动，而不明所示为何，当认其为拖船。为求毋多延误时间及赶救玉泉计，未加详询及细心判认，即赶驶往六二·六命令所称之“玉泉所在地”。永修一〇〇四、〇八三〇方始译出德安舰在一〇〇四、〇六四〇时，所报玉泉一〇〇四、〇二〇〇船位电报。

玉泉之记载系：

“一〇〇四、〇六三〇估计船位23°40′N、119°51′E，发现永字号船一艘，视线不良，灯号联络无结果。”

然则玉泉与永修，是曾相遇而均互相当面错过也。

六、永修之拖带与玉泉触礁搁浅

玉泉一〇〇四、〇七四〇电报报告，其漂流船位已在澎湖水道，距离鸡善屿仅五浬。

一〇〇四、〇九三〇玉泉再电报船位在23°41′N、119°46′E向245T方向偏流中，二三小时内即将触上礁石。然玉泉至此时仍未发出SOS急救讯号。

一〇〇四、一〇四五玉泉电报报告，业于一〇〇四、一〇〇五下锚位于23°39.4N、119°43.6E。

同时永修一〇〇四、〇〇〇〇电报，报告其本身船位23°51′N、119°43.6E，在寻找玉泉中。

一〇〇四、一〇四五永修接六二部队一〇〇四、〇八四〇电报，所示玉泉已漂至鸡善屿附近。乃转向搜索，终于一〇〇四、一〇〇〇发现玉泉锚泊在碇钓礁附近。

永修既发现玉泉即于一〇〇四、一一三〇冒十级强风接近拖救。经过三次艰巨带缆之后，终于一〇〇四、一五〇〇将缆带上。放出一吋钢索六〇〇呎，以与玉泉锚链联接。永顺亦于一〇〇四、一五〇〇前后奉令出马公港，协助拖救玉泉。

永修、玉泉带缆过程中，玉泉下锚之锚链为汹涌绷断。一〇〇四、一五五〇永修拖带玉泉航行，一〇〇四、一五五八永修向左舷转动时，因舰尾出缆，运转不灵。玉泉在下风流下，一〇〇四、一〇〇二触及礁石，拖缆同时绷断。复为风流所冲出，离礁流转，一〇〇四、一六〇五搁浅于马公里正角附近，搁浅所在为23°32′24″N、119°41′42″E。永修于一〇〇四、一八〇〇与赶来协助之永顺舰取得联络，请永顺接替守护玉泉后，一〇〇四、二一三〇返抵马公。

玉泉当时损伤情形如下：

1 舵机及舵受损。

2 舵房进水。

3 主机舱底触礁石进水。

4 泵浦间舱底触礁石进水。

5 五号油舱底破裂进水。

6 六号油舱底破裂进水。

7 右舷六号油舱肋骨受损弯曲。

第二节　失事评论

①失事处理经过之评论

1. 玉泉军舰主机故障之发生，最初是发现第五缸漏烟。查考玉泉主机第五缸在一九五九年五月间，曾有过漏水现象。经一厂修换气缸盖，此次故障即为新修换过之第五缸。

当故障发生时，未能详细检查障因何在，未考虑到可能导致不能机动之后果，仅将油门关闭，减速续航。

根据玉泉军舰请修单记录，注明各缸进油阀均不能关闭。则上述之关闭油门减速航行，似为过于简单之处理，而且无效。

迨至一〇〇二、二一〇〇到达白沙岬海面之际，主机故障已经扩大，延及于四、六两缸亦呈漏烟现象。此刻轮机人员未经报告舰长，先行停俥。如此而失去进入近岸泊地，从容检修之充分时间。修复既无办法，主机再启动不能，终而至于漂流。

假使对主机状况，平时有注意。处理故障时，怀有戒心。是否有较多可能避免失事？

假使能先进泊地，再停俥检修（停俥处水深六〇呎，距旧港泊地七浬）。是否有较大安全，免于漂流？以上是可以评论值得检讨的第一点。

2. 玉泉军舰主机损坏开始漂流之顷，距离澎湖列岛一四〇浬。澎湖附近暗礁甚多，是危险水域。然而远在百余浬外，而台湾西海岸外，却无很大危机。若以每小时漂流三浬计算，四十余小时后，才能漂到。舰长对当时情况估计，是漂流地区安全，拖救舰船可以及时到达，不难寻获。而西海岸水相当深，下锚不易。这些估计均有其理由，然而事实是玉泉搁浅于一四〇浬外，当非始料所及。

当玉泉漂流至澎湖水道，距离鸡善屿五浬时，亦知情况紧急而下锚，延迟漂流速度，作一切尽可能努力。假如这些努力作得更早一点，更尽其可能一些，是否有较多可能避免触礁？

以上是可以评论值得警惕的第二点。

3. 玉泉军舰由德安拖带航行时，舵机故障后舵房浸水，跟踪不稳定操笨舵随行，锚链由吃力而绷断。假如该舰对拖带作业更熟练些，各项机械保养使用状况更良好些，是否有较小可能避免断链？以上是可以评论值得改进的第三点。

4. 玉泉军舰第二次漂流时，从一〇〇四、〇〇〇〇至一〇〇四、〇六〇〇止，与德安失却联络。在这段期间中，玉泉未向搜救单位不断报告状况与船位，亦未因情形危急而发出急救信号。永修出海搜救，两舰相隔八〇〇〇码而互相错误过。而在那段时间内通过附近海面者至少查明有美国 DD 一艘及商轮一艘。

假如玉泉能将本身船位，始终为搜救单位所明了掌握。又假如按照避碰章程第三十一条规定，发出遇难信号，是否有较大可能被救？以上是可以评论的第四点。

5. 永修军舰译出德安一〇〇四、〇六四〇所报玉泉一〇〇四、〇二〇〇船位电报之时间，在一〇〇四、〇八四〇。查考此次救难电文来往译出时，均须在一两小时之间。假如通讯时间能更缩短，指挥能更灵活，是否对失事救援工作更臻严密些？以上是值得评论可以研究的第五点。

②失事原因之探讨

玉泉军舰发现主机故障时，未有及时和适当的处理，继续航行。以后故障逐渐扩大，以至无法修复，终而失去机动能力，漂流海上。虽然曾被寻获，先后两次拖带，然风力强劲，拖缆绷断，陷入险地触礁搁浅。

③失事责任之判明

1. 舰长，负全舰安全指挥之责。在主机故障发生时，继续航行，未作周详考虑，致故障继续扩大，主机无法启动，以致漂流海上。警觉性不够，除待援外，未作尽可能阻延舰体漂流措施。未按国际航海避碰章程第四条第三十一条规定呼救，及适当报告船位。以至延误救援可能，触礁搁浅，应负失事责任。

2. 轮机长，在发现主机故障时，未考虑此一故障，可能导致不能机动后果，仅作简单处理。迨故障扩大，然非紧急至必须作断然处置程度，未经报告舰长，遽尔停俥修理，造成漂流海上之后果，应负失事责任。

3. 其他救援各舰及人员，已尽其努力，无过失。

第三节 失事教训

①通信

通讯之技术方法与手段，与指挥效能关系，重要密切。

在电讯机件良好，拍发技术熟练，译电人员勤慎工作之最佳情形下，尚有影响时效之因素存在：报量在一段时间内，突形拥挤。将使优先等级的划分，效果减色。这是指使用通讯系统的指挥单位，对通讯效能所生影响而言。在通讯方法本身来说，译电必须由译电员专任，译电需要多花时间。

1. 建议指挥单位对其幕僚作业作更深切之要求。精简之参谋作业，能相对提高指挥效能。平时如此，战时尤为重要。

2. 建议通讯处研究本军舰岸电台有无遵照规定，长时守听或定时守听国际500KC急救讯号之可行办法。现本军舰岸限于网路人手，均不够守听500KC明码急救讯号。

②观念

观念对于决心有重要潜在影响，可以造成实际的损害或利益。

救难工作不善而损失舰艇人员，对战力之损失与作战损失同。此种损失是可以避免，且亦须避免。

演习之重要性因其系为实际战斗遂行准备者，故视演习如真正作战同。然其间究竟有可权衡轻重处。即以“救难为仅次于作战之任务”来说，救难与作战孰重孰轻，亦有取决于情势、时机、利害之处。是则决心由于判断，勿得因观念混淆而延宕。

海上不测，任何情况均可能发生。不可有恃而无恐，亦不可粗心而忽略。往最危险处想，则不存侥幸。向最接近险区之不明船只注意，则不至徒劳。

1. 建议指挥单位培养幕僚对任务权衡轻重先后能力，树立救难重要，不下于实际作战任务观念。

2. 建议舰艇指挥官，养成往最险处想，最险处看习惯。

③训练

训练为一永未完成，永无满足之工作。为满足海军需要，为弥补现状缺憾，似为一永做不完之使命。求精求实为其精神，训练有无效果，当从“能否达成任务”中去评分。

本军拖船有限，力绌任繁，而海难随时随地可以发生。各型舰艇及其人员，拖带他人或被拖带机会时刻存在，技术经验均需讲求。

1. 建议舰训部重视本军海事频生事实，对救难及拖带训练增强普及。

2. 建议战参室对于各军区无力执行救难，而理论上又是救难指挥单位最主要一环之矛盾事实，设法改善。

第十二讲　“总统府”参军

我供职人事署两年后，因为想换一工作环境，经与“国防部副部长”梁序昭、“人事行政局长”易劲秋恳谈，透过主管，同意我转职至“总统府”，遂于一九六三年十一月十六日，调任“总统府”参军。这是从军以来，第一次自己想调职的事。

“总统府”的参谋业务由文官处、参军处处理，文官处设秘书长总司其责。参军处则设参军长，下设陆海空三军参军，员额一定。与我同时担任参军的有张测民、刘廉一、何志浩、张家铨、张国疆、楼秉国、马继援、萧勃、龚愚等。萧勃算是第二次同事，第一次是在华府当“武官”的时候。

参军的工作项目包括：

（一）接待外宾：例如一九六四年二月哥伦比亚“驻台大使”到任呈递“国书”时，我奉令参与迎送。

（二）视察业务：参军为“总统”之耳目，代表“总统”视察各军事单位，就事实提出报告，上呈“总统”裁示。通常参军长奉谕应视察某单位后，立即指派数名参军组团考察。每名参军各针对一项或数项专题进行查察。参军视察的范围包括：参谋本部、各军种“总司令部”、部队、学校、“国防部”各单位，“总政治作战部”，以及外岛（金门、马祖、澎湖等）的防卫部。各单位对前往视察的参军都十分敬重。

（二）列席“总统”主持的军事会议：我最后一次参加由“总统”召开的军事会议，是在一九六六年一月十七日。“总统”在会议结束后，曾经昭示：“①二十世纪是三民主义的主流。②要自动、主动、自力更生。③世界新时代开始是从总理创立中华民国开始。④民六以后，西方的殖民主义开始崩溃，民二十六年开始对日抗战，对抗日本。这种历史，仅有我们伟大的总理主义思想能够创造出来。⑤我们应当有信心，无一事不可达成。帝国主义、共产主义、资本主义均敌不过我们五千年悠厚文化所形成的三民主义。⑥有自信，未有不能成功之事。切不可妄自菲薄，我民族终不可侮，不会失败。⑦军事行动中的战地政务，最重要是解决的问题。⑧必须反省我们本身是不是像三民主义的信徒，检讨大陆失败，既然我们自己不行，所以必须自反。”“总统”随后沉痛地指出：“人事制度不健全为一切失败之根源，军队然、党亦然，过去敷衍塞责、讨好钻营之现象，今后必须痛定思痛，实事求是，予以革除。过去的教育没有训练怎样用脑筋，高级将领可说是没有发挥智慧，政战人员应特别注意，现在部下敢批评长官而不敢批评政战人员。高级将领送往迎来应该减少，不要浪费公帑时间，以免没有时间处理要务。”

参军一职，向例多于限龄届满之后退休，并无升调之机会。一九六六年底，距我限龄届满尚有一年，中国造船公司董事长王先登先生，邀请我担任基隆厂港埠船长（Port Master）的职务。当时我只有五十六岁，自认还能贡献我的能力与经验于航业，乃有意往转中船，经征得彭孟缉参军长、张群秘书长之同意先请转达蒋公准予提前退休，蒋公允诺后，我始上签呈请退。离职前夕，蒙蒋公在阳明书屋召见并垂询。当将我过去的经历与在“总统府”担任参军的情形，及日后的计划等等，一一报告。“总统”说：“很好！很好！以后有事情，再找你来！”我随后退出。下山途中，顿感从兹离开了生死与共的军人大家庭，离开了大家长，不禁热泪盈眶，事前自己并没有想到会这样的激动。

三　忧患余生（一九六七年迄今）

——天下为公·选贤与能——

第十三讲　解甲归田

自“总统府”退休以后，经过再三考虑，觉得中船的职务虽然薪水优渥，但是工作性质与过去的工作经验不太配合，遂由俞大维先生介绍我到航业发展中心，嗣又介绍到台湾航业公司服务一段时间。

在未入台航前的这段期间，生活过得相当拮据。乃利用时间，一方面读书充实自己，一方面撰文投稿，从事笔耕贴补家用。

我撰写《清水师大号战船及其制造经过》发表于一九六七年三月十五日出版的《海军学术月刊》第一卷第三期。及《苏伊士运河》发表在该刊的第八期。当时我有三个笔名：凡是有关海事掌故的文章，以“郑新山”为笔名，取“新山原旧海”之意（而且福州话的“先生”与“新山”同音）；有关海港运河的文章，以“郑大超”为笔名；有关传记故事，则以“郑一尘”为笔名。

除了经常在《海军学术月刊》发表文章外，又陆续在《大众科学月刊》发表有关历法的文章。一九七五年并集辑为《历法丛谈》一书（“中国文化大学”出版部，一九七五年四月九日出版，一九八五年增订)。《大众科学月刊》发行人宋锷，社长赵梅卿，我挂名主编，大家都是退休的海军人，我为该社撰稿，纯属义务性质，不支领稿费。

有关海军近代史研究的部分，多用本名在《战史会刊》发表，我曾撰《中英鸦片战争的检讨》、《中法甲午马江战役与清廷决策》与《中日甲午海战与李鸿章》等文稿。《论马江战役》一文在检讨："指挥与指导人物之行为对于近代史之影响，及'为政在人，取人以身'的重要。"为政在人，一切皆系于"人"的问题。如果李鸿章有担当，敢负责，向慈禧太后直言，撤退越南边境（北圻）的清军，原系"李""福"简约之约定，则中法不致再开战。但是他怕被"大碰"不敢直言。慈禧遂在不明了实际情形的状况下，下令开战。致马江海军全军覆没，基隆失守，清廷才不得不再讲和。也激起了国父孙中山先生，以"革命"推翻清廷创建民国的决心。这是整个中国近代史变局的一个关键。一般人往往忽略了李鸿章在当时不敢担当直言的心态。我因而特别在《中日甲午海战与李鸿章》一书中，对他的性格加以分析。清季自强运动的失败，"人"的因素关系重大。如果曾国藩、沈葆桢在世，自强运动的结果将不相同。我之所以撰写《中日甲午海战与李鸿章》一书，是想澄清一般人对海军的误解。

近年来，我陆续收集了许多历法资料，已撰写了：

(一)《周初历法与周初年代》，及《西周历谱与西历王年》两篇论著，尚拟研究西周各王的标准铜器，撰写《西周年代考》。假如精力许可，还想做几项研究。

（二）《中国海上交通史》。

（三）《中国历法史》：目前坊间虽然有许多有关中国历法史的著作，但不够通俗。

第十四讲　风雨同舟——海军史释疑

蒋廷黻先生在其所著作《中国近代史大纲》里，评论鸦片战争之失败时，称："鸦片战争失败的根本理由是我们的落伍。我们的军器和军队是中古的军队，我们的政府是中古的政府，我们的人民，连士大夫阶级在内，是中古的人民，我们虽拼命抵抗，终归失败，那是自然的，逃不脱的。"蒋先生的批评可以说很有道理，但自军事观点来评析鸦片战争失败之基本因素，"应为我国水师之不敌"。

中英鸦片战争，英国借其优越的海权，运用少数部队，发动侵略中国的战争，迫使中国与西方国家签订了第一个不平等条约，而后列强的侵略接踵而来，改变了中国"天朝自大的观念"。鉴于鸦片战争之失败，在于无巨舰水师与之接战，故造船、制炮遂为自强运动的两大新政。左宗棠深体海军建军之要，保举林则徐的女婿沈葆桢充船政大臣，在林则徐的故乡福州创办了福建船政学堂，以"训之礼义以生其忠君爱国之心，练其技能以壮其敌忾同仇之志"为目标，并先后成立了南北洋舰队。这两支舰队在历经光绪十年的甲申、二十年的甲午之役，虽海军将士战勇死烈，因人谋不臧先后覆没。此固非海军之过也，海军却成了代罪羔羊。

海军对民国以还的政局影响深远，首先响应辛亥革命之役，促成了革命的成功。而海军之起义实出各人维护民族之诚，并无争取禄位思想杂乎其中，故于举义之前，凡商洽谈判要求条件等事，概未曾有（见《开国五十年文献（2）》，《海军起义》）。

及民国五年，袁世凯欲行帝制，海军总司令李鼎新复响应讨袁，加入护国军。此次海军举义，亦非有他意，实系竭诚拥护黎大总统，期早日依法建设，俾全国早归统一。六年，海军总长程璧光，第一舰队司令林葆怿率领部分海军，支持南方的护法政府，与段祺瑞主持的北洋政府相抗衡。海军乃因政局分裂为二。

民国十三年，温树德率领北方舰队原参加护法之第一舰队北返，编成渤海舰队。十四年，杨树庄升任海军总司令，至民国十五年北伐大业展布，方声涛与杨树庄取得联系，杨氏随率海军响应国民革命军。全国统一后，继而西征、“剿赤”，敉平闽变、两广事变、抗日战争，海军无役不与，凡此都显示海军对民国以还的政局影响深远。海军军人长期接受严格专业军事教育，养成同舟共济，注重资序，忠于国家的传统。海军问题非派系之争，海军建军未臻理想，系苦于战乱频仍，经费不足，主事者智虑不同，事权不专。近来书刊论著，有未见及此，持不同看法者，兹就所见数事，加以论述，或可充探讨现代海军发展演变的线索：

一、黄秉衡:《八十自述》

黄秉衡于《八十自述》(《传记文学》第三十八卷第五期)中称:“……我当年在校(烟台海校),就耳闻目见,已知道很多海军的内幕,那时的北洋海军,为闽系所把持,当时粤系海军上将程璧光,卓具远见,亟欲化除派系,以建立一支整体的中央海军,乃建议普招全国青年,进入海军小学受训。每年百名,则三年之后,可养成三百名海军干部,以此为基础,当可渐渐打破派系之恶势力。所可惜者,程上将于民国六年八月率领北洋海军舰队南下赴粤,参加先总理孙中山先生的护法运动时,不幸在广州海珠码头,竟被闽系主脑嗾使暴徒加以暗杀。而我们这一百名同学,同时亦被闽系视为眼中钉,时加打击与破坏。因之暗潮激荡,遂酿成毕业时的一场大风潮。当我们毕业时,突然接奉命令,停止这一届毕业学生派任舰上做见习生。经校长请求,亦未获准,于是群情激昂,咸主反抗,非达目的不止。全体同学,遂即暗中向英国轮船公司预订舱位,赴沪请愿,为预防海军总部截阻,扬言系赴北京,务使我们的行踪,当局无法捉摸。部署结果,我们全体同学,顺利到达上海,与全国学生总会取得联络,入住中国公学,分派代表赴各省请愿,要求各省分向北京政府请求,允许我们上舰见习。我与聂开一同学被推派赴广州军政府请愿。当时先总理孙中山先生住法界莫利爱路二十九号，我们晋谒孙先生，蒙亲予接见，并指示可赴粤省晋见伍廷芳博士及李烈钧将军。我俩抵粤后，即遵指示进行，颇获声援及得资助。事毕返沪，得悉在沪同学，已被海军总部派员分化，并受到经济压迫。而部分同学，已先行返校。我与留沪同学，则誓不屈服，发表宣言。不久我与其他五位同学，被推举再谒先总理，在接见时并聆训词，认为我们这辈学生，富于革命精神，希望我们参加中华革命党，共同做救中国的工作。”吾人以为黄氏与海军接触仅三年在校受训的时间，因毕业未派舰见习乃怀疑系派系作祟，并联想程璧光被刺系闽系主脑嗾使，殊不知未派舰系因吴淞与烟台海校合并，修业期间由三年改为五年所致，其时海军仅有闽籍、粤籍、鲁籍不同省籍官兵之别，并无派系之分（请参见本书附录:《畲振兴回忆录》遗稿，便知其因）。黄先生当时年纪还轻，学生们易于轻信，而未知全局。

黄秉衡氏晋谒见孙先生请愿，强调海军为闽系所把持，吾人今日视之，此事恐怕影响到民国十一年四月二十六日孙先生为欲使海军完全听命乃作“收复”北洋舰队之举，造成了执政者第一次有计划地排除海军中闽籍官兵的悲剧。袁良骅记:(《国父广州蒙难：指挥海军讨逆记》,《中外杂志》)“民国十一年春，北伐军进展甚速，二月中旬，已抵达湖南省境，吴佩孚大急，而陈炯明阻挠北伐之进行亦亟。孙中山先生以后方不固，决计率师回粤，并免去陈炯明之总司令及省长两职，改派伍廷芳先生为广东省长，至是陈军即由广州退据东莞县之石龙镇及虎门一带，并以惠州为其根据地组织指挥部，派叶举为总指挥，陈炯明则隐身幕后坐镇其中，阴谋破坏我方。孙先生以陈炯明叛迹未彰，犹希服其悔过归来，不但不忍消灭其部队，且令回师之北伐军绕道行军，远驻韶关以避免与陈军冲突而示无他。孙先生只率少数侍卫及高级幕僚返抵广州办理善后，仁者之用心可谓苦矣。孙先生为着巩固广州革命策源地起见，抵粤不过数日即令海军军官陈策、温树德、冯肇宪、袁良骅、欧阳格、欧阳淋、招桂章、丁培龙、郑星槎、盛延祺、吴芝馨、田士捷、李英杰、冯肇铭、袁柳溪、陈其永、卢善矩、胡轩、林若时、陈浩、李毓藩、陈赐乾、何十全、苏仰激、卢适祥、何翰澜等，将驻粤北洋第一舰队（司令林葆怿）之巡洋舰海圻、海琛、肇和号，炮舰永丰、舞凤、楚豫、永翔号，驱逐舰同安、豫章、飞鹰号，运输舰福安号，共十一艘军舰一举而全部攻入‘收复’之。是役吾人故犯夺舰之大忌，选择于正午时间出其不意遂行总攻，故能收到大获全胜之效果，至是孙先生派陈策等为广东海防司令，温树德为北洋舰队司令，盛延祺为海圻舰长。”吾人按：夺舰事件，闽籍员兵除被击毙外，均被遣回福州，然到了民国十三年，温树德依然率北洋舰队离广东北返，成为渤海舰队，民国十六年并入东北舰队，其后在沈鸿烈统率之下复行叛变，凡此均与闽人无关。夺舰事件破坏了海军的纪律，且使中央（海军部所辖）海军中非闽籍员兵比例变少。

二、包遵彭著:《中国海军史》

吾人细续包遵彭先生著《中国海军史》，将可发现，包先生深感桂永清总司令知遇之恩，致未察时代背景，不明海军建军经过，不重史实，对现代海军的种切，主观太重，一味将所有罪过都诿罪于“派系”，诿罪于“闽生”。如云（页五二〇）：“甲午战争后，虽有统一之议，惟旧染已深……。”吾人不知甲午战后，国家战乱不已，何来统一之议？又何谓旧染已深？又如页五二三云：“温树德渤海舰队之叛离无定，海军实已重蹈前清覆辙。”吾人不知：前清之覆辙为何？与温树德之叛离何关？又如页五二九云：“海军部成立后，旋拟定‘训政时期之海军建设计划’……惜多未能尽善推行。”所谓未能尽善推行之事实为何？未能推行之原因为何？又页五三八云：“海军甲午以后，……终因……人谋不臧……再度覆没。”试问不臧者系何人之谋？同页有关破釜沉舟之举，有“青岛之谢刚哲、电雷之欧阳格”，何以不列中央海军之陈绍宽或陈季良？又页五四〇称：“我国海军承数十年窳圮分裂之余绪……莫相统属……地域倾轧……相互援引。”继则单独以海军部所属官佐总数为例，列举以福建籍者为多数，使人有一切罪过悉由“闽生”负之之感。包先生未考史实，不明因果关系，其想象的观点实有纠正之必要。当其生前，渠已有重写“海军史”之计划（见吴相湘：《近代人和事》，页一三五：“包遵彭壮志未酬”），惜因病卒未遂其志。

三、电雷学校之设立

民国二十一年，一·二八淞沪战役后，三民主义力行社成立时，蒋公命甫自德国考察归国的海军中将欧阳格筹办电雷学校，建立嫡系海军，直隶参谋本部，由蒋公兼任校长，欧阳格任教育长。名为训练水雷攻防属陆军系统的电雷学校（参阅《海军抗战事迹汇编》，页一百），实为海军军官养成教育，为避免海军部长陈绍宽的干涉，校名未标明海军学校或海军电雷学校名义。陈振夫先生（电雷学校三届学生编入青岛海校五届毕业）所记电雷学校设立及结束经过说：“回溯民国二十一年中日淞沪战役结束后，我政府痛感于江海防务的重要与海军新战力急待建立，期能抵御外侮，巩卫国土，乃授命方从欧美考察回国的欧阳格海军中将，成立海军新机构，积极培育海军新干部与建立新部队，以应抗敌立国的需要。但由于外避日寇注意干扰，内受派系牵制影响，故定名为‘电雷学校’。”又云：“二十七年六月二十七日，马当会战结束后，欧阳教育长忽因案在汉口遭受扣押，旋被枪毙，全校为之震惊。二十八日，军政部下令停办电雷学校，并限即日清理结束。全部人员、舰艇、物质、器材，分别移交军政部及海军总司令部等单位接受。在校三期四期学生，连同教职员，奉令拨交正在内迁湖南湘潭的马尾海军学校继续求学。清理交接工作，军政部指派部附吴安治陆军少将主持督办，海军总司令并调遣楚谦军舰驻泊南津港内，监视接收、装运。同学们遭此突变，无不惶恐难安，求学信心尽失，尤多不愿转学马尾海校，免致将来遭受排挤宰割。迫不得已，纷纷自行计谋出路，人人有如丧家之犬，颇有四顾茫然之感！我当时也曾函呈长岳师管区司令同乡父执吴斌将军，陈述家世和遭遇，请求收容，已恩蒙吴司令函覆允予录用。在此杂乱纷扰状况下，军政部于获悉内情后，乃将全体在校教职员学生，重行改拨到正内迁宜昌的军事委员会青岛海军学校，继续接受教育，以安群情。我们遂于七月二十四日，垂头丧气，缴清装备，忍痛含悲，告别母校。三、四两期学生合共二百三十名，由学生大队大队附田樾曾少校率领，怀着无限的悲伤，于二十八日到达宜昌，即向青岛海校报到。自此，我们乃结束了两年来电雷学校学生身份，又成为青岛海军学校的学生了。回溯电雷学校，于民国二十一年，因基于抗日立国的需要，秘密成立于镇江，到二十七年因抗战转迁至岳阳而奉令停办结束，在此短短的六年岁月中，欧阳教育长凭其忠党爱国、效忠领袖的精神，发挥其卓越超人的胆识、才能和毅力，在强敌监视与派阀打击的内外交迫恶劣境况下，独力奋斗，艰辛创业，终于完成了兴学、立校、建军、作战四大使命。由初期筚路蓝缕的镇江北五省会馆神殿茅舍，而建设了具有现代化校舍、厂房、军港、洞库的江阴黄山港江防作战基地，由‘海静’巡船而建立了新颖锐利的鱼雷快艇兵力，由接管老旧的海军‘策电’废舰与浙江省水警局，由一支装备陈旧的电雷大队及少数海军官兵，扩展成为官、生、兵、徒数千人的海军学校及江防司令部，其成就殊为丰硕。电雷学校本已策订有庞大的建军发展计划，主要为：‘建设以舟山群岛与象山港为中心的海防作战基地，用以配合其鱼雷快艇及潜水艇的海上攻势作战，确保长江口而巩固国防；及建设鄱阳湖内姑塘镇为江防后方基地，以支持江阴江防前进基地之作战，护卫南京首都及华中的安全。’惜因抗日战争提早爆发，仅只完成了江阴区的部分建设，其余计划，都未能实现。电雷学校自成立以来，一直都在内仇外敌环境交相逼迫的境况下艰困奋斗，尤其是受到由海军部长陈绍宽为首的‘海军当权派’的歧视和压迫。他们打着‘海军正统’和‘中央海军’的招牌，在口头上、文字上、行动上，处处攻击电雷学校，不断污蔑诽谤电雷学校是一个为非作假的冒牌海军，不应穿着海军制服，不应悬挂海军旗章，不应采用海军制度，不应教授海军课程，要求接管电雷学校所属舰艇，要求停办学校。所幸，他们的私心偏见，早为政府当局所洞悉，未被蒙惑，但类此派阀观念，不但阻碍了电雷学校当时的发展，也种下了电雷学校后来停办的主因。电雷学校最后终于在谗言渗透与恶意攻讦所构成的包围态势和打击压力下，奉令结束停办。”（陈振夫《抗战期间服役海军》，《传记文学》，第三十七卷，第一期。）电雷学校始末如此，但吾人以为陈先生未检讨设立电雷学校的背景与其所述实际作为，故文中有很多用语欠妥处值得商榷。例：如谓“受派系牵制影响，故定名为‘电雷学校’”，本无派系，何来牵制？如谓“内仇”？何来之“仇”？本来海军部所属的海军一直就是中央海军，如何谓“打着‘海军正统’和‘中央海军’的招牌”？陈先生既知电雷学校停办系在欧阳格教育长因案在汉口遭受扣押之后，则主因已明，宜研究因何案而停办；同学们尚未转学如何有“免致将来遭受排挤宰割”之想法？（参阅：陈懋猷：《“对陈绍宽二三事”一文之补充》——《传记文学》第三十九卷第五期。）

四、海总部撤销复改组成立

民国三十四年十二月底，肩负八年抗战的海军总司令部突奉令撤销，海总部撤销的原因，据黎玉玺先生在《桂永清将军海上历险记》（《中外杂志》四十卷一期）文中说：“他（桂将军）进一步综合分析说：委员长于（三十四年）十一月七日令海军迅即编组小型舰队，北巡截断胶州半岛、辽东半岛间共军的海上运输，又兼我进驻华北各战略要域及东北的军政交通补给的安全亦须保护，是何等紧急而且重要的任务，但是海军于历时五十二日以后，始有一舰北巡，直到三十五年二月底陈宏泰司令也深感一舰难以达成任务，而在巡各舰又故障频频，派舰支援连云港一案也是于委座令饬之后三十二日始有永绩舰到达。在这种情形下，政府既感觉海军出动如此困难，行动迟缓，且又觉即使在航服勤的舰只亦故障频仍。这可能就是将海军总司令部改组为军政部海军处，并由军政部陈诚部长兼任处长的原因。但不久之后，又复改组而成为海军总司令部，初仍由陈诚部长兼任总司令，后来我由陆军奉召入海军兼代总司令职。”海总撤销的原因，桂氏似应知系中枢既定的计划，抗战胜利海军已无舰队，民国三十三年十一月陈诚任军政部长，三十四年一月兼任军政部后勤总司令，九月一日军政部成立海军处，陈辞公兼处长，十月十五日，召周宪章回国任副处长，十二月二十六日明令海总部撤销，业务由军政部海军处接管。蒋公早已于民三十一年五月令戴笠负责与美海军联系，已有撤销海总部之计划（参见费雪文，《中美合作抗日秘录（七）》，《中外杂志》，二一〇期）。如此重大之事实，陈绍宽总司令事先却毫不知情。据何成濬日记页七〇四的记载：“………三十四年十一月十四日，星期三，晴。午前十一时赴会，出席复员整军会议，今日议案均已完毕，仅举行闭幕典礼，委座训话约五十分钟，即宣布闭会，中午十二时半，委座招宴出席复员整军会议各部会长官及各战区长官、副长官、总司令等。约二时毕。在会议闭幕时，陈厚甫（绍宽）询问本部结束后，各法官如何安置？答尚未筹得妥善办法。厚甫云：海军总司令部可用上校法官一人、中校法官两人，请代为选较优者送出。午后到部，即嘱余组长良材照办。”可见当时海军总部尚无撤销迹象，陈氏尚为海总部物色人才，他仍凭着一股傻劲为海军卖力。等到十二月二十六日，陈氏突然接到海总部撤销，业务由军政部海军处接管的命令，他立即召集主管参谋人员嘱在十二月三十一日以前赶办妥当，陈氏在年底办妥移交手续后，立即乘车抵达下关住入扬子饭店中。在下关被何敬公挽留，请他稍待，以为蒋公或有后命。陈氏等候旬日，不见蒋公动静，遂起程返闽，居乡时在中学教英文。三十五年四月海军处扩为海军署，六月又改组成海军总司令部。桂永清将军不明了海军的传统与习惯，接掌海军后发生了许多误解。例如黎玉玺将军谓民国三十七年十月二十六日桂氏由太康舰移驻重庆舰情形：“……不意小艇离开太康舰后不久，机件顿告失灵，不能发动，事后获阅桂总司令侍从参谋房杰日记的记载：‘当时我目睹小艇驾驶上士（姓名不详）居心叵测，蓄意将小艇引擎搞坏，而后拿救生圈准备跳海，我立即拿手枪抵着该上士腰部，嘱不要乱动，否则即开枪射杀（后该上士交长山八岛陆二团代为管训，调查他的意图）。那时小艇在重庆舰上风，随浪可以漂至该舰，谁知当时重庆舰值更人员，均到餐厅喝午茶，未加理睬，风浪仍甚强劲，后来随风愈漂愈远。’”（黎玉玺，《桂永清将军海上历险记》，《中外杂志》，卷四〇，期一。）我们以为房杰此时的判断对否？处置当否？应可研究。其时邓兆祥舰长亦在艇上，他为何不请示邓舰长如何处理，而如此慌张？房参谋日记记载：“汪立夫用手电筒打 SOS 呼救……，我们大家将艇内积水排除，否则就会立即下沉。五点钟天就黑了，当时又冷又饿，我们几乎都不能说话……，到了八点多钟，方知道太康舰小艇向我们接近，我们的心才放下来。”按：据此所记，则小艇之坏已非房杰所想的原因。显示其疑心太过，海军常识不够，不尊重邓舰长的地位。复据黎文所称：“……十一时左右，我艇拖着重庆舰小艇到达重庆舰，先在舰的下风，细察竟没有放下舷梯，迅速转航到舰的上风，也未见将舷梯放下，于是仍回到舰下风呼叫放下舷梯。等了大约十分钟，才放了一个绳梯下来，而且是悬挂在舰舷的前段，因舰甲板距水面约有两丈高，此绳梯三分之一虚悬在空中晃荡不定，曾通知舰上移悬于舰舷中央，俾全部紧贴于舰舷，较便攀登，数分钟后仍无反应。为防万一有事时，维护总司令的安全，因禀明总司令先令邓兆祥攀登上舰。段一鸣处长，房杰参谋继之而上，然后桂总司令、马纪壮司令等陆续攀登上舰。在这一行之中，桂总司令虽体型较胖，攀登时绳梯晃荡不已，但仍身手矫健顺利攀登上舰，大家都在屏息注视之后松了一口气。在事实上，这并非体力能不能的问题，而是关系重庆舰在礼貌上、体制上之问题。如此怠忽，实在令人费解。一九八五年我曾在纽约与一些海军旧友闲谈，说到当年桂总司令在海上攀绳梯登舰的情形时，何毓衡同志亦说：‘其实桂总司令攀绳梯登上重庆舰，我也曾亲眼目睹。当重庆舰自英返国抵上海后，桂总司令上舰视察，已先由第一军区司令部令重庆舰于指定的时间派座艇到码头迎接，但当总司令到码头以后，不见有艇来接，立即乘坐第一军区在码头上的汽艇去到重庆舰，舰上未备便舷梯，只放了绳梯悬挂在舰舷，总司令就攀绳登上重庆舰。这是总司令第一次莅临重庆舰，邓兆祥舰长立即引请总司令到官厅去，但总司令转而巡视舰面各处，邓兆祥似已察觉到总司令不悦，即召唤协长林炳尧携同一本书急趋前来，邓兆祥向总司令报告，当天气候欠佳，依这本舰务法规的规定，舰上官兵上下舰都应该经支杠（Swing boom）攀绳梯上下，今天因总司令莅临，所以在舰舷放下绳梯恭迎，并指示林协长将该书呈递给总司令察阅。总司令随手一挥，将那本书拍落在甲板上，又一弹就落入江中了。'" 按：由此记载，可见桂氏不明了海军舰务法规（Standing Order）系海上累积经验，为人舰安全人人必须遵守之规定，以为邓舰长让他攀绳梯上舰是对他不敬。

桂氏掌海军之后的管理状况据黎文记载："民国三十七年十月，锦沈会战期间，蒋公曾自塘沽乘重庆舰到葫芦岛，驻节舰上九日，指挥作战。返塘沽离舰之前，召桂总司令训示：'我在过去数十年中，曾驻节各型军舰甚多，觉其都很整齐清洁，但此次驻节重庆舰期间，觉得到处都不清洁，以我驻的司令厅而言，办公桌上、橱柜内、卧床睡垫下，到处都是灰尘。而特别令人不解的，厕所马桶旁有一个立式扶手，显系备大风浪时手握支撑用的，但其专供握手的把手竟被拆毁。这舰上似很有问题，务要注意改革。'"（参阅郭岐著:《黄沙碧血战新疆》，页一九二，中外杂志社刊行。）

五、民国海军之派别

顷阅贵所出版的《白崇禧先生访问纪录》，其中有关民国海军之派别部分很值得商榷。白先生称：“以地域言之，分为东北舰队、渤海舰队、粤海舰队、江阴电雷队；以学系分之，有青岛、福建马尾、广东黄埔、江阴电雷等海军学校。中国由于内战，故海军派系复杂，意见分歧。至抗战中期，中央为统一海军，消除地域、学系观念，使意志统一，力量集中，遂于重庆成立中国海军整建委员会。……整建委员会主任委员按理由参谋总长何将军敬公兼任最为合适，敬公因事务繁忙，遂改荐我担任，而以海军总司令陈绍宽为副主任委员。当时，陈氏仍想保持马尾学系，以福建为中心。福州又以陈姓为中心，如陈季良、陈训咏等海军重要将领皆为福州陈家。故整建会之成立，陈氏甚表消极。当第一次开会，我探听陈绍宽不愿出席时，即秉公义私交拜访陈总司令，晓以大义，动之利害，劝其出席。我开诚布公说：‘中央为欲统一海军，增加实力，现得美英帮助，故有此举，故于此千载难逢之机会，为海军前途着想，应毅然出席，以贯彻整建海军之主张。’同时我并表示，我在会中仅挂一名义，一切主张与实权，悉尊重其意见，陈氏见我态度诚恳，以及中央决策之决心，故出席第一次会议，惟于会中一言不发，以后屡次开会，陈氏即很少参加，而以代表出席。至招考海军军官赴美留学时，海军学校若青岛、黄埔、电雷等学校学生服现役军官者皆踊跃报名，惟海总所统属之马尾海军学校军官，陈氏则禁其来考，且以撤职威胁之。我得知此消息后，向陈氏表示，各现役海军军官，均希望踊跃来投考，中央并保证其职位，任何人不应阻挠，陈氏无奈，乃听其干部来考。当时考选委员会秉公录取官兵共二十余名，一并送美英友邦留学。陈氏见中央决心整建海军，打破地域学系，因而消极，请辞海军总司令。”吾人以为白先生之说应予辩明者：陈绍宽之所以“消极”，系因在其位而不得谋其政，至于陈绍宽禁止马尾海校军官投考海军军官赴美留学，恐系出于误解。因抗战期间，所谓马尾海校军官皆有实职，遍布布雷队要塞炮台等战斗单位，没有候补人员可以接替其职务，其所禁止系针对未经核准自行离职前往应试者。而电雷、青岛海校之学员，或已转业，或在机关服务，散居各地，所以能随时应考有关当局举办的各项甄试。至若白先生所指考选委员会录取“二十余名”官兵，按实际录取人数应为七十六人。各机关保送者六十名，余十六人选自自由报名应试者。七十六人中出身马尾者九人，黄埔九人，青岛海校三十三人，电雷十人，商船十五人。中央决策单位除了登录人选学员之毕业学校资料外，复填注其省籍。例如获选之九名马尾海校毕业生，三名为江苏人，三名为福建人，两名为四川人，一名为浙江人。显示中央决策性的分散录取学员之名额。白先生称：“陈绍宽见中央决心打破地域学系，因而消极，请辞海军总司令。”按陈氏请辞海军总司令系在抗战胜利之时，当时态度，亦可理解，自民国十六年龙潭战役起，陈氏负责海军建设，指挥海军作战已逾十六年，其对中央政府之忠诚，对海军建设之发展，对海军人才之培育，对捍卫国家主权之措施俱有史实可证，而中央军事当局尚疑陈氏仅为保持以福建为中心的马尾学系，且另成立海军整建会，当时陈氏心情之无奈之消极，因际遇不同有不同感受可想而知。民国成立后的海军系统，以学系分之，则除东北葫芦岛航警学校（后改为青岛海校）与电雷学校不属于海军部辖外，其余马尾、烟台、南京、吴淞、黄埔等海校均为海军部所辖。原均以马尾海校教育训练制度为准的均可称马尾学系。民国十七年北伐成功全国统一后，海军系统以地域分之，则为：中央海军的第一舰队、第二舰队、练习舰队等，东北海军的第三舰队，与广东海军的第四舰队。而非白氏所谓渤海、粤海与电雷队。

光军先生在从军赴美接舰日记（《知识青年投效海军参战四十周》专刊，页十五），民国三十四年一月二十一日，记载赴美接舰官兵以离国在即，整队乘军车至军委会干训团礼堂恭聆委员长蒋公的训话，略谓：“……你们到了外国，每个人的一言一语，一举一动，都代表整个国家，你们随时随地都要自爱自尊，严守纪律，服从命令。到达美国后，要严守学校舰艇上一切规则，如果内中有少数人或个人不自爱自尊，被外国人看不起，他就是海军的败类，国家的罪人。……过去我们的海军因为太自私，完全没有把它当做一种国家的命脉去做，所以失败。现在界限的观念已经打破，希望你们自觉自强去努力，来建设一个强大的新海军，不可以有负国家与全国父老对你们殷切的寄望。……”。一月二十二日记：“下午三时，陈部长辞修莅临训话，略谓：‘（一）要建立国防的思想，中国陆空军均已略具规模，而海军正重新培植基础，以配合国防上之需要。（二）要革除自私自利的心理，一洗过去区域观念与腐败恶习，共为整个国家而奋斗。……’”吾人以为委员长与陈辞公的训话，对海军言，真正是秀才遇着兵。个人从民国十五年投效海军起，服务海军几十年，所目击所身历者，海军服从命令，为国为民，从不自私，从来没有感受到有“区域观念”，从卓文义先生所撰：《艰苦建国时期的国防建设》文中所述海军之整建，以及由桂永清氏根据《海军大事纪》所撰《中国海军与国民革命》便知所谓“自私”、“区域观念”与“腐败恶习”都是误解。尤其视“福建人”即为“福建系”，更非事实。福建系并非都是福建人。如许崇智是广东人，却是福建系。前些日子我看到一篇文章，错将福建人民政府中的陈铭枢、蔡廷锴、蒋光鼐等广东籍人士归为福建人，致累闽人无辜遭殃，而长背“闽变”历史罪名。中国海军多福建人有其自然之历史背景因素。因为海校初立，由闽浙总督左宗棠建议，故择址于马尾。草创初期，一般士子尚困于“科举”观念，不习风涛，志愿从军者不多，又因校址关系，他省人士不便赴闽。福建人一因地理条件便于报考，复因海军学生考选章程规定凡海军中等以上的官佐，得以合格之子弟一人呈部保送考选；及阵亡将士家属之子嗣，如果合格皆得保送入海校（如《陈绍宽二三事》一文作者张天心的父兄张承愈、张天钧、张天浤，孟慕超与孟汉钟、孟汉霖父子，孟慕超与孟汉鼎叔侄关系等皆是）。福建子弟之入海军者，自然远较他省籍子弟为多，甲申、甲午、抗日诸战役为国捐躯者亦较多。

所谓马尾系应可以说是海军人事教育训练的系统而非派系。可能间有语言隔阂，将“福建人”视为派系的代名词，真是不幸（参阅：刘宏谋，《闲话抗战前的海军》，《中外杂志》总二四七期）。

六、海军与抗战

杨元忠氏在《借舰参战与中国海军重建》（《传记文学》，卷四四，期四）文中称：“从民国二十六年（一九三七）七月七日，卢沟桥战事爆发起，我国海军在对日八年抗战之中，几乎可以说是交了白卷。……”杨氏此段叙述实在过甚其词。海军在八年抗战中，都尽了责任，尽了力，而没有交白卷。我们可以举日本人自己的话为证：日人小俣行男著《日本陆军记者见闻录》即有如下的记载：“……汉口到上海的水陆为六百海里，夏季溯江而上可行万吨级的商船。对于海军来说，长江在半水期是一条绝好的进攻路线。中国方面看出日本海军的企图，便在江面上布下了无数的水雷，南京和汉口之间成了可怕的水雷区。以近藤英次郎中将为司令官的海军十一战队，一边同两岸的敌军作战，一边排雷前进。这就是后来有名的长江溯江舰队。这支舰队派出十几艘扫雷艇，每二艘之间拉上钢缆进行扫雷，但是由于水雷太多，好多扫雷艇都触雷沉没了。炮舰、运输船也相继触雷，损失惨重。在南京上游，首先打响了进攻汉口的前哨站——攻打安庆。由海军陆战队在安庆下游登陆，确保桥头堡。若月雄三郎（读卖新闻）从接受任务后便随陆军同陆战队的冈本部队长登陆。可是就在临登陆前，载着冈本部队长的本部梨花号触雷了。随着一个震耳欲聋的爆炸声，江水升起了巨大的水柱，船被炸成两截。船上的若月，同盟通讯社的下津久男以及六十多名陆战队员全被抛入江中，被江水吞没了。长江是条令人生畏的江，一旦落水，连尸体都浮不上来。”此仅是一个日本人的记载，相信应当尚有其他日本人的报导，但就此而论，海军绝非在抗战中交了白卷。抗战军兴，海军以劣势的装备，对抗日军之优势海军，其形势有如卵石之比。然我海军在蒋委员长卓越之战略指导下，能以劣势的装备，高昂的战斗意志与日军相抗衡，终能迟滞日海军之西征，达成我消耗战、持久战之目的。有关海军抗战之情形，可参看：庄义芳，《海军与抗战》（《海军学术月刊》，卷二一，期七，原刊于“中央党史会”抗战五十周年纪念）。

近代海军自清末建军至抗战胜利以迄于今，诚如冯启聪氏在《海军与国民革命》文中所说：“国家多难，国民革命过程尤多顿挫，我海军自革命军兴后，几无战不与，无役不从，而建军过程亦坎坷颠沛，罄竹难书”，真是“风雨同舟”之言。

第十五讲　士不可以不弘毅——国事私臆

以古为鉴可知兴替，以人为鉴可明是非，大陆“变色”已四十年，吴太子光曰：“丧先王之乘舟岂惟光之罪，众亦有焉。”以下所列几篇文字，我以为可供为政及治史学者参考：

一、雷啸岑著《忧患余生之自述》，传记文学出版社，一九八二年十月初版，页一四四至一五一，战后大局恶化之基因。

二、徐复观著《末光碎影》，《传记文学》，卷四〇，期五转载。

三、徐复观著《忆往事》，页三六至四六，时报文化出版事业公司，一九八〇年版。

四、蒋公演讲：《青年地位及其前途》，民国十八年七月在北平发表。

五、蒋公训词：《革命教育的基础》，“中央文物社”印行，一九五四年七月讲，页一八至二七，过去革命不成的病根，就是私、偏、欺、疑。

六、魏大铭著《评述戴雨农先生的事功》，《传记文学》，卷三八，期二～四。

日前（一九八七年八月）台南发生飙车事件，翟检察官对群众暴力行为，公权力软弱不彰的评析：“公务员不执行法律是违法的行为”，发人省思。民权主义不是无政府主义，民众有权，政府也要有能来处理众人之事。徐复观先生曾指出：‘君君臣臣，父父子子’源出《论语》孔子答齐景公之问。二千多年来的共同解释是：为君的人要尽为人君之道。为人臣的人要尽为人臣之道。为人父的人，要尽为人父之道。为人子的人，应尽为人子之道。孔子说这句话，是提醒齐景公，不可只许州官放火，不准百姓点灯，在君臣的关系上，义务是相对而不是绝对的。故选贤与能，讲信修睦，十分重要。‘知人善用’诚为当务之急。”

我们仍以“匪区”称大陆，仍持“汉贼不两立”的观念。台湾人口不过二千万人，大陆人口将近十亿，如何以二千万之人口对抗十亿人？其要在化敌为友，分化他们。共党并不可惧，国民党的三民主义明明比他们好太多，但国民党怕共党却较共党怕国民党更甚。这是观念问题。例如胜利后，我们对沦陷区伪政府一律以“汉贼不两立”的观念来处置，沦陷区居民也是自己的同胞，当地也有众多反共武力可予接收利用，而中央却以伪军视之，予以解散，他们只好投靠共军。抗战期间，中共在延安创立抗大，吸引青年就学，而我们政府所设立的流亡学校，一因职业学生言论左倾，一因部分年轻青年基于爱国赤忱，讲话或不经心偶有失当之处，当局防范严紧，迫使辗转投向延安，导致了中共壮大的后果。

今天，我当局却严守不接触、不谈判、不妥协的三不主义，置我方处于被动地位。吾人实应以不忧、不惧、不惑的三不，采取主动积极的态度，分化之，化敌为友。如果我们一味避免与中共接触，诚可谓为“台独”了。

“国家是民族为了外御敌人而组织的团体，国家固然是人民所组织，以保护人民权利为目的。但是国家所保护的，绝不仅是现在的人民，而是子子孙孙的人民。倘若国家单单保存现在人民，则国家何必为存亡问题，牺牲无数万的生命，以从事对外战争。民族精神的丧失常表现为民族文化的衰萎。民国成立以来，已经有五十年了，有没有像《文献通考》、《图书集成》、《太平御览》那样的长篇巨著？我们所看见的只唯‘二千字论文专家’，而此二千字论文专家竟然一举成名。文人没有耐性，可以反映整个民族贪目前小利的危机。”早在二十几年前，萨孟武先生即沉痛地提出上述的呼吁。文学家赵滋蕃亦曾指出：“今天的世纪末现象，抟聚成两个透视焦点，一即信心勇气两缺，一即智慧短浅。”“此刻的反常现象是：智者多惑，仁者多忧，勇者多惧。要突破这层笼天罩地的世纪末迷雾，单靠仁者的忧患意识是不够的，必须智慧加上勇敢，强化我们的信心，始克有济。……而刚健、勇敢，乃强者道德的主要德目。”“人类得救的呼声来自智慧。没有智慧，我们将无从得救。”大陆学者方励之亦以为：“中国最大的悲剧，在于到现在知识分子是社会主体这点认识，尚未确立。”（《远见》杂志，一九八七年九月一日，页一二）。我们需要有学养、有远见、智仁勇兼具的知识分子（intellectual）。所谓“智”者，知人类终是一家，具天下为公、世界大同之真知；仁者，为天地立心，为生民立命，为往圣继绝学，为万世开太平，诚挚之仁；勇者，身无半亩，心存天下，苟利国家生死以之的勇气。当政，为政在人，取人以身。具智仁勇三者，斯可以为政治家，作民之亲，作民之师，作民之君，此亦即选贤与能之标准。

政者，正也。当政者必须知人善任。并令在其位者有其权，有其权者负其责，负其责者有其权，有其权者在其位。“位”、“权”、“责”三者是否贯联，关乎政治的良窳。要令百官各守其职，必须利用刑赏，而行刑赏，必须依据法律。在此观念下，为政者必须自身守法，以身作则，则令行于天下。政治，是管理众人之事，众人之事，都是现实的事，故政治问题，乃现实问题。人民所希望于政府的，只是如何能使他们安居乐业？要使人民安居乐业，必须讲究法治。所谓道之以政，齐之以刑是也。然而国家对于民众的“求”、“禁”、“令”须有节制。古人云：“法简则易行，事简则易举。”政治上最忌者，为管制太多。管制太多，必须利用许多人的人力财力。如此一来，贤不肖杂进，政策容易变质；捐税亦必增加。而法令滋紊，亦可能使忠厚者因守法而遭殃，奸猾者因观望而得利。观望既可得利，则守法者亦将变为观望。此后谁人愿意守法？当政者若能以法家思想参以道家思想，“情之所恶，不以强人；情之所欲，不以禁民。”法令简单，则一切施政自可畅行无阻。

现代有知识的人，率多崇尚功利主义。例如电影导演标榜影片“真实”、“商业”路线，忽略了真善美的层次，领导人们犯罪。至若报刊杂志发行人，亦多以功利主义挂帅。印刷字体偏小，损伤了下一代的视力健康；或为刺激读者购买力，吸引大众注意力，夸张报导的内容，影响了下一代的价值取向。孙中山先生认为人类进化的过程自兽性世界渐趋人性世界，而至于神性世界。而今日的社会现象却有自人性世界走回兽性世界的开倒车情形。大众传播的功效，显然已经发生偏差。这是一个社会问题，令人深引为忧。新闻界应该负起社会伦理、道德的责任，敦四端张四维，建立公平正义的价值观。“圣人常善救人”，教育家亦应秉持关心、爱心、耐心去关怀我们的下一代，造就诚敬悲悯、急公好义、服务人群的下一代。

今天，人类所面临的问题，成为政治、经济、思想……上的冲突，其实归结于“人性”（人口、人心）。人们往往为了轻微利害，发生争端，忽略了基本人性。世界上各种政治制度、思想与宗教，都是为了增进人类幸福而创立的，人性应该永远驾越于物质之上。我们不可本末倒置，忘掉这个基本目标。今天由于科技与国际贸易的迅速发展，再加上国际交往关系的增强，世界各国相互依存的关系日深。要解决一个国家的问题，赖独自圆满解决，实无可能。惟有自全面的人性主义途径解决世界问题。比较明智的途径，是在求取我们自己幸福的同时，也能想到别人，从人类福利的长远处去着眼，不要只顾目前，培养一种对全人类的亲近感，进而产生一种真诚的博爱意识；所有的国家基于真心诚意的了解，众志成城的共识，为世界和平与人类幸福而努力。

四　余生闲话

自辛亥年出生以来，历经“血战”、“浩劫”、“忧患”而未死，真亦可谓“三生有幸”。有幸接受贵所口述访问。二年多来，我一直生活在字纸堆中，报章、杂志、书借籍手翻翻都是有关联的可述资料。前两天看到一句摘记的话：“The secret of life is not to do what you like, but to like what you do”（生活的奥秘不是做你所喜爱的，而是喜爱你所做的）。可是我现在究竟是否喜爱我所做的，我觉得好困扰，好像陷在泥淖之中，不能脱身。为着口述我常常废寝忘食，探索问题所在，查证事实真相，不停地看书，寻找资料，深切地体会到“吾生也有涯而知也无涯”的意境，《论语》说：“多闻阙疑，慎言其余则寡尤；多见阙殆，慎行其余则寡悔。”我多希望一句话都不曾讲，就不会有不虞之誉、求全之毁以及悔尤之感了。天何言哉！

附录一：历次问答汇集

一、灵甫风波

（一）灵甫舰在香港加油后遭英国当局禁驶离港，郑先生当时有没有立即向桂总司令报告？

答：灵甫舰当时归海军第四军区节制。我身为灵甫舰舰长，必须听令于第四军区司令杨元忠。英国当局不能侵犯我海军舰长的职务，我更不会接受要求将灵甫舰交还英国，故我立即将此情况向军区司令杨元忠报告，至于杨司令如何向桂总司令报告，我并不清楚。

（二）桂总司令原先允将灵甫舰派驻左营充任练习舰，为什么又改变原意而改派灵甫舰赴海南岛巡弋？

答：杨元忠氏在《灵甫舰风波的回忆与体验》文中谓："……灵甫舰一则因为与重庆舰背景相同，被当时的海军总司令桂永清中将认为是'一丘之貉'，都靠不住。"桂氏自陆军转入海军，不悉海军之内情，不相信原有之海军人士。致与英国海军远东舰队总司令协议，将灵甫改调广州，驻泊于白鹅潭，归第四军区司令节制，以后如有离开广州的必要，须在三天前通知英国驻广州总领事，以资联系，至于派灵甫赴海南巡弋则系到广州后杨元忠司令的主意。

（三）郑先生接灵甫舰返国后，可曾拜会陈辞公？

答：没有。灵甫返国后，陈辞公已辞去参谋总长及兼海军总司令职务。

（四）灵甫舰为英国政府收回后，全舰官兵去向如何？

答：灵甫舰轮机中队多为年纪较长的士兵担任，他们先前率多为海员。英国政府收回灵甫舰后，此中队大部分转任待遇优渥的商船，并未来台。另一部分青年从军年纪较轻的士兵（如马超俊之侄），亦未来台。来台的四十余名官兵，部分入海军官校正规班、军官训练班受训，目前已届不惑之年。前几年在台北，大家曾有一次聚会。

（五）请郑先生谈谈重庆舰长邓兆祥？

答：邓兆祥，广东人。出身广东黄埔海校十六期（民国八年十二月毕业），毕业后入烟台海校，于十二年四月结业。任职第四舰队。北伐后，海军部长陈绍宽甄选赴英留学生，海军第一、二、三、四舰队各配得数名官员及学生名额。虽然因第四舰队留英官员名额额满，邓兆祥仍志愿以官员身份申请学生留英名额，赴英留学。学成归国后，甚得陈绍宽重用，拔擢为南京水鱼雷营营长。以一般人的“派系”观点来看，邓兆祥虽是广东人，并非马尾学校毕业。但是有许多人将陈绍宽麾下的部属一律划归为马尾系。

邓兆祥现年八十余岁。他是正规的海军军官，根本不是共产党员。

二、海军人事

（四）海军人事升迁之标准如何？

答：一般说来，海军人事之任免升迁，有完善之规章制度可循，极为公平。

过去世界各国海军升迁的标准都很严格。例如同阶级则比较晋阶日期先后之次序（Seniority，亦即日人所谓的“先任官”）为基准，同阶级而资历较深者，有优先晋升之机会。又如两国军舰于海上相遇时，若两舰舰长同为上校阶级，则资浅之舰长应先拜会资深之舰长。再以舰队为例，如果驻泊同一港内各舰舰长军阶相同，则资深者自动充任舰队长。遇有突发事件，悉由该舰长指挥号令。各舰每日升降旗典礼时间亦依据资深舰长驻在舰的升降旗时间为准。

三、抗日作战

（一）海军长江中游布雷游击队第四分队系中央海军系统，驻地第三战区系中央系统，而国军第二十三集团军则系川军，请问郑先生担任海军长江中游布雷游击队长时如何自处？

答：其时全国上下同仇敌忾，一致对日，无分地域派系，团结一致，为国而战。

（二）郑先生赴赣省就任布雷游击队分队长期间，其薪饷、物资补给之来源如何？

答：布雷队借无线电台（手摇式电机）或临时架设的军用电话与派驻军师部之中央要员联系有关的补给事宜。所有水雷补给皆经湘省绕道送赣。薪饷则由海军部拨上饶总队汇屯溪中国银行。

四、近代海军

（一）抗战胜利后，海军军区如何划分？

答：海军军区系仿自英日海军制度所设立的，抗战胜利后，全国海域区分为四个军区，第一军区司令部设上海，辖江苏、浙江及长江；第二军区司令部设青岛，辖山东、河北及辽宁；第三军区司令部设左营，辖福建及台湾；第四军区司令部设广州，辖广东包括海南岛及东沙岛。一九四九年来台后，海军第一军区司令部改设左营，第二军区司令部设马公，第三军区司令部设基隆。东部花莲设巡防处，归第三军区管辖。军区司令职掌该区要塞、港区、船只进出及该区范围以内之海上防卫事项。

（二）海军军区之眷区始设于何时？

答：我国海军最初并没有眷区之设置。迄抗战胜利，接收日本海军左营营区，该营区设有眷区，遂成为我国海军第一个设立眷区之军区。

（三）请郑先生谈谈我国海军军舰之编制概况与士兵之来源？

答：举大型军舰如巡洋舰为例，各舰设舰长副长（副舰长）各一人。舱面部分由三位大副各司枪炮、鱼雷、航海部门。大副下设二副、三副佐助其职。〔嗣后改称枪炮正（副）、鱼雷正（副）、航海正（副）〕。轮机部分设轮机长与轮机官。副长与轮机长职权平行，对舰长负责，并指挥舱面轮机各部门。轮机长下设大管轮、二管轮、三管轮（相当于大副、二副、三副）。另有军需官。军医官由海军天津医学校培训的医官负责，初设中医医生，嗣后始渐有西医。无线电通讯方面，系用海军雷电学校培育的通讯人员担任，舰中的无线电官，战后以“通讯士”

取代之。餐饮方面，则约聘陆上经营餐饮业的人员承办之。大型军舰备有西式餐点。一般都是以中式餐点为主，西式餐点为辅，两者兼备。

海军军种异于陆军，系一技术化之军种，需要操作仪器与特殊之技术。故海军人员必须接受特殊训练始得胜任。士兵、军士与陆战队员各有其训练体制。士兵由海军部特设的练兵营施予训练。练兵营分设马尾、烟台两地，另广东好像也曾设立过练兵营。招募的士兵以山东、福建、广东籍居多。海军军官则皆以海校毕业之学员充任。陆战队队员初由讲武堂负责训练。陆战队编制在中央方面设两个旅，东北海军陆战队人数则较少。海军陆战队自民国初年成立以来，参与北伐、“剿匪”与抗战诸役，屡建奇功。

（四）传闻各军舰都供奉了妈祖神像，是否属实？

答：在北伐以前的确有这种情形，尤其遇有特殊事件时，舰长每向妈祖虔敬膜拜，祈求平安。

（五）我国沿海各军港是否归海军部管辖？

答：部分军港如旅顺、威海卫、马尾、厦门、青岛等，归海军部管辖，灯塔则归海关管理。

（六）海军兵舰入港是否需要领港？

答：船只（兵舰）入港可分“强迫领港”与“非强迫领港”。例如苏伊士运河即为强迫领港，以防止船只因不谙航线破坏港湾，阻碍其他船只之通行。

（七）海军必须经常实行航海演练，训练战技，培养航海经验。目前我海军多前往哪些国家实习?

答:除了经常性的航行台湾海峡巡弋外,敦睦舰队经常赴新加坡、南非、韩国等地访问。

(八)今天台湾是否有能力自造兵舰?

答:绝对有。但是从经济效用的观点言之,不一定合算。

(九)海军对渔民在海外捕鱼采取什么保护措施?

答:这是政策问题。部分渔船遭外国政府拘捕,系因侵犯该国海域所致,并非我海军保护不力。

(十)若干民营商船何以不欢迎自海军退役的海家班转任商船?

答:造成这种情形可能有下列几项原因:

(一)指挥系统之殊异:军中指挥系统很简单,上令下行,严格一致,商船则不然。

(二)过去海军没有商船的"装货"业务,海军人员对此项业务不熟。迟至近年才开始发展。

(三)部分海军退休人员的航海经验不足。

(十一)上述第三项原因是否有可能因为海军军官只负责指挥号令,实际工作由士兵担任,因而对实务工作反而并不熟悉?

答:不好讲,各种情况都有可能。

(十二)我曾就此事请教某商船界人士,据他们表示:"海军轮机、航海两项兼学,所以不精。"

我问他:"你怎么知道?"他说:"曾有海军退休人员转任商

船船长，连航线都画不来！”

答：有一部分可能如此。“航轮兼学”系民国三十五年以后沿习美制而采行的。

（十三）马尾海校训练严格，比较起来，较没有这方面的问题？

答：海军人员之训练，不能速成，必须按部就班，与陆军训练不同。前几天，我搭乘计程车赴“故宫博物院”找资料，与计程车司机闲谈。据他表示，他是印尼华侨，现年五十余岁，参加过古宁头大战。但是他没有受过正规的陆军军事教育。当年他在广东梅县被十八军胡琏部队拉夫加入胡部，因而参加了古宁头之战。到台湾后退役，因与印“断交”，不能回印尼，留在台湾。目前已经成家，育有一子一女，以开计程车为业，生活清苦。我建议他向辅导会申请有关的补助。由他的例子可以看出，海军与陆军训练之差异。陆军可以临时拉夫成军（按：拉夫不能成军，只能充数，必须短时训练，始能作战），海军官兵却必须受过专业训练后始有能力上船服役。陆军的观念治海军是不行的。

五、海军教育

（一）战后美日海军教材有何殊异？

答：韩战爆发以前，我与美关系冷淡，我方向日本提请协助我军训练事宜，经由冈村宁次将军之安排，日本派遣日籍教官白鸿亮（化名）等人，来台授课，并提供日军教材。韩战以后，与美关系改善，我军校教育改采美式制度，在教材方面亦参酌美国海军教材之编纂。美国教材系以二次大战期间，美军成功的登陆战役与重要转捩关键战中途岛之战等为蓝本，针对日军的部署所采取的战略方针，与日海军教材不同。后者系以日军在二次世界大战期间之日海军作战实例，提出检讨。

（二）英美两国海军的作风有何异同？

答：英美两国人民之性格不同，两国海军自然亦有差异。也许因为我在英国停留的时间比较长，我个人比较倾向于英国海军。日前美国海军在波斯湾护航油轮安全时，竟然未做扫雷工作，这恐怕是因为事前过分大意所致。

（三）请郑先生谈谈英国海军军官再教育之情形？

答：英国海军军官很注重再教育之训练，自练习生、见习生、少尉以迄上尉课程，各阶段进阶之前，必须接受一段训练，依结业成绩高下与志趣取向再返英国海军各校修习专业课目，最后始得奉派为各科专业军官。

我海军自大陆迁台后，始重视军官再教育之问题。过去在大陆上，我海军部曾洽聘日本海军上校寺冈于马尾飞潜学校筹设海军大学，召集各舰艇之校级干部受训。旋因抗战军兴，海军大学建校计划仅止于短期授课，未及正式办校开学，寺冈上校因与我海军有这一层渊源，抗战期间曾经下令释放几名我军之俘虏。

（四）郑先生接收灵甫舰前夕，在英国所受的训练与当年在英国留学时期所受的训练两者有何不同？

答：前者属于基本课程的训练性质。后者则可称之为“Refresher Course”，系为补充或复习专门知识而举办的补习课程。其内容如下：（一）二次世界大战期间开始发展的雷达课程。（二）防潜课程：如声纳学等。（三）重要性比以前大为增加的“损坏控制学”（Demage Control）。凡此训练，于结业时，不颁发任何学位。

（五）请郑先生谈谈我海军与英国海军之休闲？

答：我海军于各重要港口设有海军联欢社（一九四九年迁台后，改组为“联谊社”，不久即撤销）。其经费部分由海军部“开办基金”提供，余者皆自军官所缴纳的会费中提领支用。会费的征收方式与金额，凡军官第一个月的薪饷全额与尔后晋阶后第一个月薪俸较原俸多出的部分自动拨入联欢社充做会费。联欢社提供餐饮、住宿、喜庆、宴会等服务，收费低廉。

英国海军军官则大都在各地设立的海陆空军联合俱乐部作休闲活动。

附录二

（一）京汉江巡日记　　赵梅卿

（原载民国二十年《旅行杂志》第五卷，第八号）

海军毕业生既在军舰上练习，一定先要巡行长江一次，借以熟悉港道的形势，观察已往的战迹，以及各处要隘、台垒、大工厂等。同时也可以游览各地的名胜古迹，我们早就仰慕的了。去年我们奉令来京，舟次下关，五月七日得了巡江的消息，没有一个不是笑逐颜开，大家忙着预备开行。这次大概有一月的航程，我们是由应瑞军舰带往巡江的，煤炭装至满量，锅炉生了火，明早即可开行。

八日

东方才现鱼肚白色，水兵起床的号筒声就把余惊醒，马马虎虎地用过早膳后，起锚的号令又响了，我们都到望台上面去。至五时四十五分，锚离了下关的江底，我们起始向上游前进了，对可爱的首都说个再会，车叶大忙着它的工作，我们尽管留心守望着。十时半经过东梁山和西梁山炮台，这两座山一东一西，正如一个大门户，形势极为雄壮。

将午，遥望码头有一班军队，在大吹欢迎号，原来抵芜湖。在此下锚，水兵等于下午都上岸去了。但是午后，天忽大变，霎时大雨滂沱，下个不止。水兵幸有携带雨衣，想其游兴不至败怯吧。雨衣都给人家借完，我不能再寻一件，所以只在舱里，听那滴滴的雨声，和淙淙的大江之水，有时从玻窗外望，岸上的屋宇，以及江心的船只。等到他们回来了，我们询其何所游览，他们总是说，好极了、热闹极了，使未去的我，白白仰慕一番。他们带了好些五香卤豆腐干，倒很不错，据云，这是此地很有名的一件食物。雨还继续不断，我们在希望明日天朗气清，好让我们快游一番。

九日

黎明即起，雨早已停止了，七时半我们由舢板到岸上去，到了码头，大家成群结队地直直着走。芜湖是初次到的，人地生疏，自然不懂怎样走，穿来穿去，究竟没有目的。最大的路正在建设的只中山路一条，街市颇热闹，有古塔一座，尾三层丢了，但是被围在居屋之内，不能登的，顶幽静的是海关一带，然而属于外人之手，这未免可叹。

九时半回舰，马上就吊起小火轮和舢板，连着就起锚，继续我们的航程。经过了三只的灯船（指示引导航行的标志），我们经过了大通市镇，再过了两个灯船，太阳和大地宣告暂别了，天色渐渐地灰而转暗。我们于七时许停轮，寄锚崇阳河口，除了太子矶上的红灯，和自己舰上的灯光外，再也没有别的现象了，四野寂然，只有单调的水声。

十日

好梦初回，起锚的号音响了，五时又开行上驶，过了两艘灯船，而高耸秀丽的浮屠，已在望了，这就是安庆的振风塔。七时到了安庆，码头上又是一班的军队，吹着欢迎的军乐，我们抛好锚，就放下小火轮和舢板，预备上岸，码头上的观众，非常拥挤。

到了岸边，我们一群就向东直走，目的在那秀丽动人的远塔。走了好半句钟，才到迎江寺，建筑颇壮，周围亦甚广。寺观里头的排设，不外乎如来、罗汉、经坛、宝殿等。后面就是那高耸的振风塔，内系士敏土筑的，拾级而登，绝无险处，一层一层渐渐地小了，到了末一层，只能容一人，上面开了一个小窗，围以栏杆，可望江心。

湖笔徽墨，是大家久仰的，这里的墨，既是中外驰名，我们下塔后，第二的目的就在购墨，穿街过巷，街市颇宽广，店屋也很雄伟。一直寻到了一个墨庄，叫做胡开文正记，琳琅满目，做得各种花样，一时为之昂然，然以时间经济，马马虎虎地购两盒墨。胡开文招牌算是徽州顶出名的，但是，我们到了街上再逛了一会儿，哪知还有胡开文和老胡开文，后来一查，才晓得没有什么记和没有“老”字的才是正号的，人地生疏，这倒也是算吃亏的。

安庆的图书馆是很好的，设备颇完全，里头还有儿童图书馆，很拥挤，但是秩序齐整，管理员是女界，还有民众教育馆、阅报室等，教育之普及，可见一斑了。

从东门大道直走，可以到菱湖，极为幽雅，湖中全是莲荷，每当风来，荷香十里，实为夏日消遣的胜地，内设幼稚园、图书馆等。

今天天气转热，我们都换了白的制服，及至回舰时，已是黄昏时候，晚上到望台高处，乘风休息，谈起大家游览的经过，倒觉很快乐。

十一日

又是拂晓就起锚，继续航驶，经过了三只灯船，就是马当炮台了。这是极险要的地方，港道很窄，下边都是崎岖的石头，流过的水，都成了漩涡，这时候的舵工，很负不少的责任呀，再加上面的炮台，在此作战，倒很不容易的。再进行一点多钟，江中忽突出一个小岛，原来是小孤山，树林亭阁，掺杂布置，颇形可观，但未能一游。十二时半抵湖口，石钟山胜迹，就是这里，江畔一带，皆为城垣。

下午一时，我们乘舢板上岸，沿石路前进，先到海军士兵联欢社，这是建设不久的，周围颇广，陈设也很幽雅，有一所大球场，听说这项建筑费是前年革命时，第二舰队在上游因战功所得之中央奖款。顺路前走，有一个神仙洞，里头是乌漆漆的，我们拿了烛火进去，只听得滴滴滴的水声，地下全湿，走那尽处，有一个小窗，用栏杆阻住，临窗坐着一个像什么像我已忘记了，有时蝙蝠飞来飞去，所以也叫做蝙蝠洞，里头还有刻着好多的字迹。

现在一路直奔到石钟山了，由市里一条巷上去，拾级而登，入门有一大石碑，志其山之来历，殿宇里不免也是如来三宝等，建筑很华丽，以外还有亭榭等，有军队驻在那里，我们顶爱看的是石钟，但是不知道是哪里。后来由小径上乱穿，到一所大厅里，恰巧一个老者在着，我们就问其石钟在哪里，原来就是庭前两块石头。叩之有金属之音，所以叫石钟就是如此了。从小门出去，有个御碑亭极美观，远望江心，我们的军舰正在目前，顺手摄得一影，聊为他日玩赏。

下山因时间未到，入旅馆吃点面，到码头等候小火轮来接，临时又想到威胜舰去找薛副长，他是我们从前的总教官，由小筏子渡到其舰，师生相隔一年相见，又觉一番风味，由其导入大官厅。谈起当时那里的匪祸，实堪可怜，据说那里的土匪，时时到县里打扰，而县里的兵力又不足，所以抢夺得很厉害。该地人民多有迁居避祸，但是县长不许他们的移居，说有乱人心，说得奇怪，县长本身每天晚上总要到舰上睡的。人民的粮食，甚感困难，交通又不便，米粮都是从九江来的，来了一帮米，每家只得限制着购几升，大家分配着。

薛副长又谓，有一天，他们在舰上，因驻泊很近岸，望着山上有一大批人奔走着，大概是土匪吧，就将大炮开一声空响，说很滑稽，他们竟喊着，这是假的吓，不要怕，舰上听得很清楚，由是给他们一颗真的，可怜他们死得一个无留，后来上岸去调查，原来死的都是农民，被迫而来夺的，他们的妻孥都在哭着了，结果土匪如数存着。现在天天都派水兵，帮着民间的连甲，无问昼夜地巡逻。

阳光早已告别了，且阴云密布，大有将雨的景象，我们告辞回舰了，晚上将所见闻录之日记中。

十二日

晨起，因天雨，不能上岸。我们本来有孤山之游，这山是鄱阳湖里，比较小孤山大，风景很是不错，但天不从人愿，下了大雨，使我们只得遥望神往耳。饭后复继续西上，二时经过九江，我们打算回来时驻泊，四时半到了武穴，地在江之北岸，用千里镜望着码头上，卧着好几个死尸，后来派水兵上岸调查，我们舰长也到县里谒县长去，原来这地方大闹着匪乱，我们也没有上岸。

十三日

雨还不断地下，我们于六时开行，七时许经过田家镇炮台，可惜已经毁败，连炮也倒了。再行二句钟，远远地有好多烟囱，层楼高厦，到了大冶了。这时候雨已停止，日光照遍大地。于十时寄锚，即刻放下一只舢板，渡我们参观去。先到访其主任，由其引导到各厂、试验室、冶炉等处，遍地全是铁矿，我们不是矿学的研究者，也不懂到底好坏，据说此铁矿含有百分之七十的铁，应该很好的吧。

冶炉有二座，一座新的，一座已坏。制铁的法子，是用焦煤、铁矿、锰、白石四件，一层一层地叠着，熔出的铁由一孔道流出，到外边的火车上，满了就运到厂里铸去，铁渣就由另一孔道流出，每日可出九百六十吨。但是现在已经停工了，因为日人的什么款还未清楚，一切举动，概由其主张，并且我们经费不足，现在只由主任看管而已。可惜下午我们要赶到黄州，不能多留，矿里的滋味，未得一尝，深以为憾。后来到俱乐部里小憩，即到码头，回舰。

午膳毕，机器又开始工作了，汽笛一声，我们又向西前进，于四时抵黄州。这地就是东坡赤壁的旧址，码头不佳，街道污秽，道头排着很多的茶水贩、食物等。我们沿着一条大路进去，左转弯从小径上走，远望就可以看得见那绛色的壁了。到了山麓，沿石级而上，门前书着“东坡赤壁”四字，还有“赤壁之游乐乎”六个字在里边，正中就是苏文忠公祠了。里头悬着文忠公的像，慈蔼可亲，然而到底像不像，那我就不知道了。再进去就是二赋堂，刻着前后《赤壁赋》于壁上，还有许多古人的手笔，勒于石上，此外还有东坡的梅，东坡的真迹，是格外的多，另有一所专刻东坡手笔的书札，一起印来要九元钱，但到底真伪也没有一个晓得，上面还有睡仙亭、波仙亭、留仙阁、喜雨亭等，喜雨亭已经成了洋式的楼，装了一座无线电机。一番玩赏后，我们就顺着城边走进城去。

城里的道路皆石铺的，不大广，人民生活程度很低，市上不大热闹，略为散步后即出城，过一家店铺里头，买一点墨塔的字迹，每张定价二角。听说出售的只有这一家，差不多专利了，此地多铜元，小洋很少，若是将一元的钱买二毛的东西，找了一大包铜片，重得不得了。时间未到，我们还很留恋地重游赤壁，恰好这一天是望日，我们也来送夕阳迎素月，仿古人幽雅之风，多么写意呵。

十四日

晨五时鼓轮上驶，十时抵汉口。汉口、汉阳、武昌鼎足而立，历史上早负盛名，自然大有可玩之处，三者汉口算是顶繁华的，次为武昌，汉阳不过以兵工厂有名耳。抛锚后海军办事处的小火轮来了，我们嘱其下午一时来渡我们上岸去，因为在此将有四天的逗留，所以今天先到武昌去。

武昌顶大的街道为武昌路，由码头直入，店业以武学的为多，别的书店也不少，沿码头直走是黄鹤楼，前有孔明灯，系一块很像葫芦的石，黄鹤楼前已被焚，现在改成了洋式的了，再上去有好多的亭阁，极为秀美，沿途照相馆、看相馆极多，差不多连连不绝。再进去就是一所公园，名乃园，陈设幽雅，树林荫翳，亭榭杂然，游人颇拥挤，大概在此消夏纳凉吧。到街上购些东西，大家不约而同地都到黄鹤楼下面的一所茶楼，借以休憩，喝些汽水，凭窗望到码头，小火轮已在等着了，我们就一齐回去。

十五日

晨起盥洗毕，教官通知我们于七时赴兵工厂参观，大家大忙起来，整理服装，小火轮来了，我们就到汉阳去。今天风浪很大，好大的小火轮都摆得很厉害，浪花溅入船里。大约半句钟才到了兵工厂码头。

我们向大门前进，入门先至应接室，略坐片刻，由其主任出来引导。先到制枪厂，观来复线的机器，制枪机的击针、枪柄，从木头以至一支完全的枪层层领略过。每日可制一百四十支。子弹厂制造子弹，是从一块铜片做起，每座机器将其压得凹入一点点，一座一座地过去，结果成为长式的圆筒。由是用另一座的机器做成子弹壳的样子，弄成同样的长短，就成功了子弹壳。继着子弹壳、火药和铜子头一齐放入一付机器上，配得真巧。三者从上边流下去，下面就可以一颗一颗的子弹拿出来，经过一度使长短同样的压后，就装入箱子。这样每日可出十三万颗。此外每月可制平射炮十五尊。这是陆军某参谋发明的，成绩极佳，因其弹道很直，故名平射炮。还有迫击炮、机关枪等。最后到炸弹厂里参观飞机用的百二十磅和六十磅的炸弹，手榴弹尤其无数，他们都解释其中原理。也到验药室。这厂是中国很负盛名的兵工厂，成绩如此可观，做国民的也可告慰良多。复到应接室少谈，就告别回舰了。途中金教官又通知，下午到武昌参观中央陆军军官学校。

饭后即乘小火轮到武昌，军校的卫队已在等候着了。因为事前有陆海空军司令部公事通知，他们还预备些马匹，结果五个人骑马，十四个乘车，从武昌路进去，一时街上行人，颇为注目。约半小时到军校大门了，军乐大作，极为森严，由教务长招待，我们在应接室略坐，次由其引导到各教室参观，军纪肃然，宿舍修拾得特别齐整，毡毯、衣服、皮带均为一色，且陈列得一个样子的，使观者诚为佩服。旋到操场、炮队等处，最后到俱乐部休息。后来乘车的乘车，骑马的骑马，于军乐声中，很庄严地向其告别了，由小火轮回舰。明天早晨，尚须赴蔡锢炮垒去。蔡锢由汉口乘汽车去，须费一小时，不知道有什么好观。

十六日

上午先乘小火轮到汉口。街道之广，不在上海之下，层楼大厦，洋屋林立，由码头乘汽车到了汽车站。再走约三刻钟，到了一个地方，好像一个站，遇着了台垒的参谋，由是他也上车，一起走了。再驶一刻钟，到了一个乡村停车了，再进便没有汽车路，我们三五成群，沿河畔步行。又行了一刻钟，才见城头山，是在河的那一边，河面不及百码，乘筏子两只，也是预先雇的。渡河后就是山麓了，看守的兵士都下来迎接，顺着山路上去，就是一条一条的战壕，一堆一堆的炮座地窖遍山。电网满布。平汉路的一段，正在威力之下。但是现在一尊炮都没有。据说才运到前方去的。山坡起伏，崎岖不平，我们上下走得很疲乏，到山脚的一间小屋子里小憩后，即渡河乘原有汽车回汉。到汉口已午后一时了，即到旅馆里午膳。这里旅馆饭店规模大的很多，饭后到街上散步。四时半由海关码头乘小火轮回舰，晚上将各种情形录入日记册里，挂了吊床就寝。

十七日

晨起盥漱毕，觉甚憔悴，因为这几天连着非行船即上岸，再加昨天的跑山，和汽车里的跳动，觉得十分劳乏。无事可做，到舱房把黑板盖起，当个床铺，小睡片刻。饭后又是非常无聊，同几位同学到汉口去，从码头散步至中山路，这条路是顶大的了，一部分尚在建设。

中山路有民众俱乐部，有似沪上大世界，形形色色，如魔术、书场、京剧、电影等等。门票只百六十文，或者八枚大铜元，观众极拥挤，尤其是京剧场里。我们到那里观些魔术即出来，到三友实业社购些东西，三友社比沪上的规模还大些，顺着脚随便走到海关路及租界等处，一见租界就晓得是租界，到底建设异样令人有无限感慨。玩了半天，回舰时烟囱已大喷黑烟，升火预备明早开行了。

十八日

晨起早餐毕，即起锚，于七时半离汉口，向东行驶。水流泛急之助，每小时可行十七海里多，下午三时半抵九江。闻此地近日匪氛颇炽，今晚开探海灯示威。

十九日

晓风推醒好梦，早餐后偕诸同学乘小火轮上岸。码头遍列瓷器店业，有排于小摊上，有排在地面的，形形色色，无一不备。转入大中街，就有不少的规模较大的商店，瓷业差不多会聚这里。江西瓷业公司，算是顶有名的，余下的也很不错。一入其中，则琳琅满目，五光十色，花样奇巧，美不胜收，但是价目很不便宜，一个茶壶要六毛、一元余等，还有八骏马，做得特别出神，朱龙也做得非常精致。

此地街道以大中街为最佳，海关界一部为最清幽。大中街的东端不甚热闹，我们略逛后即回舰午膳。下午以疲倦故未上岸。消息传来，谓本舰暂时驻防此间，我们又有数日逗留了。曾司令通知我们预备明早赴庐山揽胜，大家喜出望外，忙着预备一切。晚上天雨，我们颇为焦急，可是风雨虽无情，终不能阻我们游兴的决心。

二十日

天尚未亮，大家已起来，就忙着带呢衣服，带望远镜、摄影器等等。雨还在连绵不断，大好机会终不可失，冒雨也要走的。小火轮预备开驶了。我们先到码头，乘黄包车到新坝公安局，由公安局代雇公共汽车两部，于七时五十分开行，八时二十分才到莲花洞，到了山麓，暂在公安局休息。由此乘小轿子上山，每把四个人抬着，每人七角，每把合酒资三元。是时忽雨忽晴，衣衫全湿，冷风吹来，更觉寒冷。未几雨又来，然而游兴勃勃，终未稍消。上山石路崎岖，高崖峭壁，坐在轿上，下临无地，危险万状，心为之砰砰然，轿夫毫不在意，有时还能跑步，实堪钦佩。路上所闻的只有淙淙的瀑布声，白雾的奇景，更有特殊的兴味，忽而遍罩山脚，微露高峰，似大海之小岛，忽而云消雾散，青山如黛。路上的三小时，有这般的景色，也觉可以消愁，十时许就可以遥望上面的屋宇了。十一时抵交通旅馆前。本来想到胡金芳旅馆，以顺便起见，且天雨只得就此了。交通旅馆凡三层，我们在末一层，共有八间房子，一大间客厅，现在是没有人来，所以都是空的，每间每日五元，我们本开四间，后来以其无客，一起都开了，只算四间的房金。伙食每日两桌三块钱，所食者不过水菜一种的。

警察署署长来了，雨也止了，我们饭后由其引导，到各处游览。街上有一规模很大的水菜行，设备很好，再向左走几步就是警察局，再数步是扬子照相馆。里头挂着好多的庐山风景片。我们先向其购软片两卷，预备摄景，此处有邮局、商务印书馆、中华书局等，外人的住屋甚多，山路荫翳，俯视层楼大厦，极为周密，几疑不是山居。长街多为外侨住宅，大林街多是英国人的居屋，日法美俄的也有。庐林一带多数是俄人的，华人只六七十家。

还有哮虎林相传雾开虎啸。我们在树林穿着，上山过岭，路途很好。山上还在建筑的屋宇极多，多数用石盖的。到了御碑亭，据云为周颠仙人羽化之处，明太祖为其作传，刻石庐山。我们在此小憩，下边就是仙人洞，内有一个老者，洞里有纯阳殿，深处有天泉洞，泉极清甘，池外边刻着“甘露琼浆”四字。步行疲乏，加以口渴，在此饮泉水甚愉快，真是乐事。洞旁有颐养楼，为住持僧静坐处，磹石上刻着好多的字迹，如“仙迳”，“河山锦绣”“常乐我净”等，诸如此类。路旁有龙角岩，就是两块石头分列路旁。

文殊台是一个半圆式的三夹土的台，旁即黎山老母庙，临近为天池寺，相传为明太祖布衣时练兵就憩于此，登基时许以五金建是寺。现在只遗留一已断的铁瓦，还放在窗户上。寺内有小池一，寺前两石狮，在此远眺，松涛之声盈耳，云雾变化无穷，极其可观。尚有龙鱼潭大天池，据云有龙鱼可见，但是我们不知是否无福，一无所见，大概是无稽之谈吧。路上忽而阳光大发，忽而四围是雾，几疑身在云端，正所谓“只有天在上，并无山与齐。举头红日近，回首白云低”。

尚有双狮峰，远望像两狮相斗。天桥脚两脚相距约五丈许。最出名的有三峰，以奇名的五老峰，以高名的汉阳峰，和太乙峰，有名的寺有五，海会寺、栖贤寺、万杉寺、秀峰寺和归宗寺。归宗寺为王右军住所，内有洗墨池。以上有的有走过，有的听那引导的所长说的，因为时间关系，不能一一浏览，故始终不见庐山真面目。朱子读书的白鹿洞，是离很远，并且有匪，所以也不得一谒。

夕阳宣告暂别，我们顺路回旅馆去了。晚餐后微雨纷纷，对灯闲坐，无聊至极，冒雨到扬子照相馆购风景片去。主人姚姓的，很和善，我们都到那里当消遣地慢慢地选择，人数很多，生意颇为不错，回旅馆后即吹灯就寝。

二十一日

通宵淫雨连绵。东方现了鱼肚白色了，大家醒来。盥洗毕膳后，无所事事，本拟今天下山回舰，奈天雨居留，就到公安局打电话转舰长，述以大雨滂沱，下山不便，请示明日下去。我们于是三五成群，有的到扬子照相馆去，赏玩风景片，有的到杂货店去，和老板谈天，有的排起麻雀牌来消遣，有的去写信，故意留为鸿爪，有的伏案头上写日记去。外边还是不断地下雨，雾总是浓浓地罩着，檐前的雨滴也不断地奏那无音阶的声调。整天总是这样，不觉黑暗吞了大地了，白白地虚度一天好日子。

二十二日

雨霁，阳光射入床前，向我们道早安了。起来盥洗毕，凭窗俯视，九江市全在眼前，我们军舰正在晒衣了，大家用远望镜看着，忙着即到照相馆摄影一张，以留纪念。早膳毕，即步行下山，走了一段，休息片时，拍些照片。共走二小时到达莲花洞，等了好久，汽车来了，我们乘汽车到新坝，改乘黄包车到码头，约三十铜板。小火轮未来，我们先雇小筏子，方离岸不远，小火轮来了，我们改乘小火轮回舰。此行为刘副长、林大副和学生一起十九人，费用统计约五百元，都是曾司令担负，这是我们要感谢他的。

下午因离此上去十几里的一个乡村，受匪徒焚掠，某团长来舰请我们开赴那里示威示威，因此于二时起锚，向上游前进，三时到了这地方，果然树林丛中，黑烟上腾，火焰冲天，我们先开空炮几响，机关枪也连着开放，到底也没有土匪发现，只见有一群兵士行于田亩上。经过一间草舍，兵过之后，竟然此舍发火，我们疑为匪类，该团长说是他的部下，纵火灭匪巢的，结果等火势微了，于四时折回九江，抛锚原处。

二十三日

上午没有事情，下午六时驻本舰的游击队司令部迁驻江贞舰去，我们明天也要离此赴京了。

二十四日

黎明即起，阳光尚未照遍大地，锚已离开江底，我们于五时开始前进了。大江的急流之水，拼命地倒流向后去，起伏的山坡也向船尾奔跑。十时经过安庆。下午一时多到了大通了，抛锚后松下舢板，这里水流很缓，好容易到了岸边。从码头顺大路前进，路旁树林排列整齐，日光给树叶遮住，清凉得很。约二十分钟到了市上，全是小巷，学校一所，设备颇善，有一所电影院，市上的警察很严肃，有精神。人民生活平常，我们限于时间，不得多留，一会儿回到码头等候舢板，码头上也是陈设着不少的茶店、小饭店，大概供待轮的一般旅客休憩的。舢板来后即回舰。

二十五日

上午在舰无事，九时半预备起锚，一会儿船已浮动，鼓轮向下流驶去。灯船、灯杆、乡村一个一个地向后去，我们离首都愈来愈近了。东西梁山过后，不一刻我们远远地就可以望到紫金山了。连顶庄严顶美丽的总理陵墓也可以看得到。再一会儿狮子山也在目前，抛锚号令一响，四时半便抵了下关，京汉巡行至此可告一段落。不日还要下驶赴淞，预备出海南巡，海上的状况又是一种，那时候的辛苦，恐怕比较江河上更甚吧。

（二）南航散记　　赵梅卿

（原载民国二十一年《旅行杂志》第六卷第二号）

绵延数千海里的我国海岸，谁也知道有许多名都大镇，通商巨埠，以及奇胜异迹，光说沪粤一段，已经有不少的地方，足以游目骋怀，增长见闻，然而要处处都得足履其地，未必不是难事。膺身海军的我，竟然以海岸的各地，为第二家乡，虽然久隔乡音，反感到“到处是吾家”的生活，更有趣味。

十九年末，我们奉命由应瑞军舰带往巡海。巡航上海至广州这一段的海道，来往预计有五十几天的工夫，经过的各地，视地势的大小重要，作长短的居留。

这次航行是专为学生练习的，应瑞就是我们的练习巡洋舰，排水量二千五百吨，速率可十七海里，设备极完善，此举的目的，是使学生对于天文学、航海术，以及书本上所攻的，得实地训练，知用其所学，这样也可以观察各港湾的形势，各口要塞的炮台，同时于各地的风光情俗，包得领略。然在此数十天中，虽觉走马看花，亦不算了无所得，爰将经过录之，微留形影。

吴淞出发

我们本来是驻通济舰，泊于下关，于十四日，得了应瑞舰巡海的消息，大家就马上收拾行装，移驻应瑞。第二天清早，就离京下驶，是晚寄锚江阴。十六日晨随海涛舰继续东下，抵吴淞投锚，这里我们要装足煤量，添了淡水以及水菜等一切，准备出海的。

前桅上司令旗临风招展，驻沪的练习舰队司令移驻我舰，一切都完备了。二十日晨起锚的旗号，随报告六时的钟声而飘扬，呜的一声，两舰先后离开吴淞江面，顺水鼓的指引，向东南方进发。天气不佳，浓雾迷濛，保守海上安全，故只二小时，即暂行投锚。

第二天拂晓，继续开行，第五个水鼓过了，就是九段灯船和铜沙灯船，这两个是指示航海家避免这里大浅滩的危险，漆红色，过了灯船，再向装铃花水鼓前进。在海之尽头，大戢山的形影，就可模糊地望见了，这里我们已经在过海的生活，水色也由土黄色渐变为绿而蓝，船身微微地有些摆动，所见的除两舰外，也没有别的船只，只有跳跃的浪花，和远处起伏的山坡。

现在是顺着灯塔和岛屿而进，值更者用其全部精神瞭望前面的目标，岛屿的形势，和罗经盘上的航向，宁波口的七里灯楼过了，航向改折向东，这时候四围都是小岛，航海者一定要确认山形，不然要像在八阵图般不知所措，左转右折，一座复一座，好热闹的一个码头现在眼前，我们抵了定海。

定海

定海是在舟山群岛的舟山岛的南岸，背山面海，前面岛屿拱台形势也很不错。我到这里这算第二次了，前一回因时间关系，且无人引导，我们只好在码头附近的街道溜达，街上没有规模较大的商店，他若海味一类的东西，则随地都有，并且顶便宜。

这一次我们由教练官的指导，才多走些未走过的地。二十一日上午由舢板登岸，直向南门而进，入城穿街过巷，出北门有一所公园很幽雅，绿树红花等都很完备，我们随即登山。

上山有许多古迹，但是当时没有记载，很觉可惜。

盘旋而上有一个古庙，走近其旁，蔓草遍地，秽气冲腾，的确有使人“掩鼻而过之”之势，哪知里头是长眠着我们眼前需要的豪士，他是戚继光啊，若是没有人指导，今天不是白白地错过么，眼前的中国人才，未始不像这个坟墓般围在秽草滋蔓的古庙里啊。

最后到山上的普慈寺憩息，绿荫夹道，路径清幽，有似引人入清虚之境，在此心旷神怡万虑俱消，有不忍去之慨。在此留影两张，可是，陈君的照相机有点毛病，结果因漏光而失败。

定海有水产学校和某中学，我们只参观中学，那时候已经放了年假，仅得绕览一周空洞的校舍。

定海到台州

二十三日，晨晖初放，就准备航行，六时半两舰已离定海穿山过岛地向南前进，海平如镜，尤其是在群山环抱中，望着深蓝色的水里，很显现地可以看得见浮沉的海蜇皮，逍遥自得的鱼类。

过象山口的牛鼻山，航向折东，一会儿又折而南，牛鼻山是个小岛，岛的一端，有一个横孔，望之好似牛的鼻子，倒很有趣。

海愈形广大了，风力也加紧了，船身开始动摇，飒飒的冬风，浸人肌骨，船首仰而下降，海水从存锚孔跃入，淋雨也似地拂面而来，这时候站在望台上面的船员，委实会叫苦的，可是他们的责任，何等重大，对于这类的痛苦，已视为平常事矣。下午二时，经过北渔山灯塔，折向台州而进，到达时夕阳还离水平线很远。

台州到南关

二十四日，上午六时起锚南行，顺海岸的岛屿向西南前进，十时半从南矶山和北矶山的中间穿过，正向西南，午后二时，抵南关投锚。

这是一个很好的避风港。北面有高山，强风过此，被其阻挡，即逊其狂威，不致发生大的危险，但是港口很宽，浪涌很厉害，虽然没有大风，下锚后船身尚是摇动不已，这样可算是完全动的生活。

此地的人民，大概多以渔为业，生活程度可想而知，当我们来此时，好多的渔船，都靠近要发售他们所得的鱼类。

第二天气候温和，我们于晨光曦微中，来练习观测木星，推算船位的经纬度，每二十秒闪两次的 Incog 灯塔还在放其光辉，太阳慢步上升，灯塔的光也随之停止，这又是我们的一个练习题，就是观日出的方向，求罗经的自差。

南关到马尾

早餐后我们别此赴闽，先向南前进，过福阳岛，折而西南，穿西洋峡。向南过西洋岛灯塔，这里远望，仿佛间就可以见淡灰色的马祖山了，煤烟龙滚水般由烟囱里突出，车叶不断地在画那航行的痕迹，水浪舞起白花在跳跃，不觉间马祖山成了绿色，立在船旁，约在午刻，机器暂停工作，引港员上船后，又继续前进。

现在先背着马祖山，向西南寻进口的浮标，顺第一第二第三浮标而进，就到了川石，这里两岸皆山，港道越走越窄，最狭小处就是长门，对岸炮台对峙，形势极形壮伟，中法之战，这座炮台也曾立功不少。

经过琯头，就到金刚腿，这是很奇妙的古迹，就是一块礌石悬挂山坡，正面望之，俨若一个武将的脚，穿着皂靴，本来有两个，凿了一个，现在只余一个，旁边刻着“保存古迹禁止凿石”字样，这样的古迹，的确有保存的价值。

不一刻，那七级浮屠和高耸的烟囱可遥望了。这是罗星塔和马尾船政局新船坞的烟囱，我们到了马尾。

马尾

马尾是海军的策源地，江面宽阔，形势颇佳，外埠来闽的大商轮，大都驻泊于此。因为到省垣去的水道，是太狭小，所有的货物出入口，都得由此起卸，这样来马尾市也觉得很繁甚了。但天公不仁，竟于十八年末，把全市付之一炬，人烟很稠密的一个市镇，变成一片焦土，虽然有一般所谓办慈善的几个马尾官僚，来募捐筹赈，结果灾民仍是灾民而已。

马尾山有三座炮台，掌握莲江（即马尾江），中法之役竟被毁，现在只留那废炮几尊，视若残铁耳。

马尾船政局，现改名马尾造船所，规模很大，共有十三厂，惜机器陈旧，现在日见颓败，只有时修理船只耳，里头最兴盛的算为飞机厂，建造不少的海军水上飞机，如此类已事经营的大厂，若能稍加整顿，将来的利益，未必不可观吧。

海军学校在厂的对门，校舍巍然，高楼两座相峙，四围学生宿舍围绕，非常庄严，它是我国唯一的海军教育机关，海军的人员，不消说每一个都是由那里出身的。学生入了海校，是算海军军人，身体上精神上都很健全的，同时以服务舰上的要和外国人接头，所以于礼貌上也很重要，他们的学科以航海和轮机为主要科目，英语一门，也是非常重要。海军练营，也是中国唯一的海军水兵训练所，练兵在此，要学各种的操演，舰上各种的习俗，俾得派往各舰时不有困难之感，但海军当局，因急用兵士故，对于实用的技能，尤其是水兵的教育，都不大十分考究，殊堪痛惜。

这里到福州，水程要九海里，来往交通有小火轮十几艘，时间以潮水的涨退而变迁，也可以算为便利，陆路虽可通达，但须时约五句钟，步行者确是很少。作者曾和王君等数同学乘休假之期，作徒步远行，计由早晨七时出发，午刻方抵省垣，所遇的乡村景色，倒可安慰行路的艰辛，最近闻有建筑福马公路之说，将来完成，交通上和商业上一定增益不鲜。

闽江水道多浅滩，船只吃水稍深的，都难航行，现在浚河局正在开掘河道，弄深港道，使吨数较大的船只，能直达省垣。

福州

家乡的热恋，谁也不能稍为退缩，阔别两年的我，得重尝旧味，归心似箭，于黑暗的晚上，乘司令部的小火轮赴省，行了三刻钟，抵魁岐，暮色苍茫中，宏模俊伟。饶有艺术化的两座建筑物，现在眼前，这就是协和大学校舍的一部，再半句钟，远岸灯光，已渐迫渐近了，船身靠近海军公所码头，大家都登岸各自回去。

海军公所在闽江中之中洲岛，北与台江泛相接以万寿桥，南与仓前山接以江南桥，商业上以城台必经之路，觉得很发达。

这两座桥是石砌的，工程浩大，很可惊人，近来以路政的变迁，和交通上的发展，觉得太形狭小，于是前数月由日人包工，拆去桥栏，将其放大，两岸直达的交通从兹停止，那时候特于相当地点，建码头设轮渡，来往南北岸，这样来妇女们感拥挤之困难，也减少她们的游兴，同时从未乘过船的人们不得已也要尝尝船上荡漾的生活滋味。

福州商业，最繁甚的算为临江的台江泛一段乃至中亭街，大规模的商店绸缎店等都在这里，台江泛是最近才建筑的，江边放出数十丈，把沙砾垫的，新建的屋宇也比别的雄伟美丽可观，但是那不坚固的地基未必是靠得住。

闽江水流湍急，差不多年年夏季都要发生水灾，沿岸居民，当然每年都要牺牲和损失，推其原委大概是上游的森林问题，但政府不加考虑，而反将台江泛的港面缩小，好将新地弄得一项收入，不顾其他，我想将来的水灾较诸现在的，一定有过之呵。

西湖公园，在西门外，为福州很有名的公共娱乐所，湖水澄澈，树林荫翳，亭台楼榭，很饶雅趣，春日梅花盛放，这里有一个国花展览会，荷花放艳，夏日的乘凉者，更不乏人，端阳佳节，各处的龙舟，都来作一次大比赛，那时的游客，实是拥挤不堪，大有水泄不通之概，园中有民众图书馆，供游客之阅览，有小茶贩供游客之休憩，开化寺有菜馆可以佐餐。

南公园在南门外，因设备不大完全，全年很有衰落之概，不过有什么庆祝大会，游客也觉不少，近来新盖的国货陈列所，很可参观的。

城内的热闹处只南大街一条，所有的大商店都在这里，北至鼓楼，南抵南门，据云鼓楼的门是不开的，不然就有火灾来临，这未免太无稽吧。还有在南门处，本来建有“北伐阵亡将士纪念碑”，巍然矗立，过之者辄有感慨，说得滑稽，杨主席因信鼓山某法师之言，谓与本省风水有关，把一个高耸的丰碑移立别处去了。

城内还有省立民众图书馆和博物院，很有参观的价值（上面所说的城，现在都拆毁了，建环城马路）。

福州的温泉，也是游闽旅客不可不过问的，这是天然的热汤，有琉黄质，浴之对于皮肤上大有利益，而有疥疮者更视之为灵药也。此类浴室，多在东门外，故又名汤门外，王村也很多，以其是天然的，故价格极廉。

以上都是说江北的，现在来说说江南这一边吧，这里的商业中心为观音井，由此有公路通行汽车，直达峡兜而转兴化的福峡公路，好几所大规模的商店都在这里，像元昌行，宏模壮丽，楼高五层，其电梯尤其出福州各店之头地，但是人民不尚华丽，商业不大发达，有不能支持之虑。

临江就是仓前山，范围很大，苍松翠树，洋屋林立，山路开阔，另有幽趣，空气上则较诸任何地方都好，各国的领事馆，教会设立的男女学校，均在山上。有一跑马场，为外人跑马之广场，一片绿茵大地，望之幽然意远，每当夕阳西下，暮色苍茫中，一对对西方情侣，有携子者，有结伴者，均手提球拍，赴跑马场去，多么写意呢，可是非会员是不准进去的，会员当然是限于非中国的，呜呼，这样的情形，何止一两处呵，临近还有一座日本公学，颇伟大，日侨的儿女，都就学于此，但里头没有参观过。

新年佳节，所有日本的门庭，和其商店之前，都列树着松竹梅三者于两旁以庆祝，回顾我国，一月一日，不也是我们的新年吗？然而除机关学校有相当庆祝外，家庭庆祝是很罕见的。

福州的鼓山，风景秀丽，很负盛名，上面的古迹奇胜，以及各寺观，大有留恋的价值，我曾在小学时旅行一次，近日来闽，颇有重游之念，但以时间局促，未获如愿。

福州到金门

在闽九天，飞也似的于无意间消逝，我们要预备他往了。大家于一月四日，都带着土物如肉松酱油青果等，纷纷回舰，所有煤、淡水和水菜一切，都备妥了。五日上午，汽笛一声，两舰于十时均徐徐离开马尾，向外海进发，罗星塔愈走愈远，而至于不见了，金刚腿、琯头、长门，都渐渐地由可望而目前，而往后，而不见了，水色也变了，走到蓝黄相隔的一条线上，我们已过了五虎了。马祖山在望，不一会儿转航南向，向白犬岛而进，预计以十四海里速率，半夜抵金门，黑暗中不能进口，故减低速率至八海里，适可以天明进口。夜里航行是专靠着灯塔为目标，有时四面均无微光，除两舰于航行应用之灯外，完全都是漆黑的。

人生的过程，正如夜里航行，罗经盘上的航向，一点儿也不能稍错的，不然祸患的来临，是不用期待的呵。

当牛山灯楼迫近时，夕阳渐向大地告别，灯楼也放出其济世之光，十时过龟山，金门终于次日八时到达了。

金门

金门是个海岛，在厦门岛之东，我们抵此即由舢板登岸。石砌的码头，因海潮的涨落生起很厚的青苔，是时适退潮，大有行不得也之叹，结果由县里人员，把沙盖过，才能行走。

这里的县长，曾在我舰司令部当秘书，一闻舰到，非常欣悦，亲到码头迎候，派员导我们到衙门里去，这里没有什么好玩的地方，一会儿也就回舰。

居民生活程度很低，没有什么出产，所需一切均仰给于厦门，交通不便，来往厦门，只有一小轮，需时八句钟。

本来第二天，七日，就离此，后以天气太坏，风力过猛，不利航行，只得多住一天，水兵乘此机会，练习荡舢板。

汕头

八日，风力虽大，还稍减一点，六时我们离此赴汕，航向为南，风向为东，浪涌横冲，船身摆动颇剧，过厦门口CHAPEL灯塔后，改向西南，动摇乃止，沿海峡而前进，午刻折而向西，再一刻，我们是在岛屿中绕行了。汕头口白色的灯楼往后好久，我们可望到很壮伟的码头上的一带建筑物了，好几只大商船在起的起、卸的卸，它们进出口的货物，表现出汕头是个繁华的市镇。

次晨，我们偕教练官登陆，码头一带多是货仓，穿过胡同，就到了大街，所有屋宇的建筑，好像出于一手的，差不多千篇一律的，都像沪上公馆马路那个样子，这样我想天气对于商业是没生什么影响，因此，不免又感到外人建设的精神，而增不少的惭愧。

中山公园，尚没有建筑完竣，而仍可一游，其范围确很广，入门过一桥，正面即见一雪白人像，手捧一书，大概是中山先生拿着《三民主义》吧。再进即为运动场，很大，此外还有不少的革命纪念物、儿童游戏园等，树木花草，很觉可人，尚有亭榭，可供憩息。

这里多龙虾，长盈尺，色金黄美观，味如何还未尝过，还有新会之柑，好像橘子，形较大，也美丽芬甘。

拜亚士湾

在汕只留一天，十日早晨，即开行南下。出口后，航向约东南而风来自东北，怒涌横扫，把船身摇得极厉害。大家正在早膳，不觉之间，全部尽翻，砰的一声，把所有的东西，都倒在地上。此次航行，均得风平浪静，可谓幸极，此为最剧烈者，盖船身大，海岸航行当得平稳的，出口改折航向，才安然不动。八时许，过 BREAKEL 角灯楼，午后过遮浪灯楼，向正西而进，四时，抵拜亚士湾之平海。

香港

十一日早晨，继续航行，九时半抵 Waglan 灯楼，我们已近香港了。从高山对峙的中间港道，左湾右曲地前进，一会儿繁华的、壮伟的香港和九龙，已屏列两旁了。水面的巨大商舶、军舰很多，小的轮船则不断地往来，把澄澈的港面，点缀得非常热闹，悬好了水鼓，时钟才报告十时。

海军公例，凡军舰抵外国地界，一定要施放国际礼炮二十一响致敬，我们来此，俨然也要履行的。当英旗随第一声炮开放而招展时，我们中谁也不觉得其心弦不能颤动，愤慨莫可名状，午刻由九龙炮台答礼如仪。

香港本是我国领土，鸦片战争，英帝国以威力迫我割让，当时因九龙的形势，英人深虑我国于该地筑炮台以窘之。遂也借口割让，该死的腐政府，竟然不知利益而允许之，孰知一无名岛屿，经惨淡之经营，得为世界上有名的商埠，至此不得不佩服外人之经营能力和精神，同时以我国领土，自愿放弃而割与他人，不由得感到无限的悲惋。

小火轮、舢板等放下后，照例在外国界都悬起国旗来。

由皇家码头登岸，前行则映入眼帘的，都是那堂皇的层楼高厦，这里好像公园，而四面立着好多的铜像，中间大概是Victoria女皇，好不威风。道路依山而筑，分为数层，宽阔清净，秩序井然，那一天是星期日，大商店多半休业，所余只华人经理的。

以其地为英属，所以个个都会说英语，当我到先施公司时，感到一件非常困难的事，盖其职员多系粤人，而我不懂粤语，普通话、福州话他们都不懂，结果还是以简单的英语相通，同是中国国民，彼此以外国语通意，思之愧何可似。

街上交通，有汽车和电车，电车均双层，上一层大概是头等的，还有上山电车，为我们所未见者，山坡倾斜，可以直上，便利至极。据云，以前曾发生过意外，改良后已安全万分，可是以时间有限，我尚未乘过。

来往九龙的有轮渡，设备可称完善，两岸的码头都建有与岸垂直的，轮船则有两座推进机，一端用一副，无分首尾，这样来靠码头也不必转头，离码头换一座机器可不必后退，一直前进而达彼岸，对于乘客之时间，很觉经济。

香港电影院，秩序极好，观者购票时，有择位的权，永无拥挤和无座位的苦恼，而院名则大含有皇家的色彩，此外如旅馆等，规模也很大，详情如何，尚不之知。

此地的银币为港洋，印着女皇的像，铜元也这样，我国的袁头至此只值得九角多，此外广东的钱币和铜元也可以通行。

到珠江去

在港只有一天的逗留，九龙也不能一睹，十三日晨八时，就启椗赴粤，风颇大，但以高山阻住，不生问题。呜的一声，两舰徐徐离开那繁华之区，向珠江前进，十二时抵虎门炮台下投锚，等候潮涨进口。

此地炮台屏列，形势极为雄壮，正是珠江的大门户，进出口的船舶，完全在其掌握之中。

经过一宵，次晨七时进口，一路炮台罗列，好不险要，航行三时许，抵黄埔下锚，在此的有中山舰，照例施放礼炮和拜谒，下午各舰长都到广州城去，谒第四舰队司令。

这里距城约十海里，每日均有马达轮来往，需时两句钟。

航程至此算为终点了，在此约有四天的驻留后，就要北航回沪了，沿途尚有几个口岸停泊过。此行约由北纬三十一度八分到二十三度七分，在此相差八度之间而气候则大为变迁，闻日来沪上下了大雪，而此地尚觉很暖，这样的气候未始非南方人民的幸福呵。

临岸就是黄埔军官学校，我们午后登岸，先到该校参观，可是于两月前已经停办了，只得由其管理员导入环览那静悄悄的校舍，据说黄埔全岛皆为校有，其范围之大，可以见矣。里头收拾齐整，标语高张，旁有校园，再进为俱乐部后有纪念碑，立总理铜像，作演讲状，脸上浮泛着博爱的神色。

出校园向西为仲恺公园，内有东江阵亡将士纪念碑，粤东为革命策源地，触目皆是的纪念碑，可以确证的，还有中正公园很不错。

广州

两舰来此，四队司令部特派小军舰侨兴号，来往广州黄埔间，供我们赴城的，十五日我们由该舰进城，九时许展轮上驶，沿途有许多可观的景色，尤其是一黑一白的两座九层高耸的宝塔，舟行一时许，抵天字码头。登陆先到司令部，拟谒陈司令，但他于早晨已到黄埔去，不得见，后由参谋陈某和一服务员招待，先参观正在建筑之新俱乐部，后到旧俱乐部休息。

一会儿，我们等分乘汽车三部，从城基马路而驰。城中改拆，路政革新，十字街头的警岗上，都有四面可观的时钟，路上的一切都走马看花般仿佛过目，车身已渐渐地向山跑了，红花岗不觉间已往后了，我们抵黄花岗，车可直达墓前，甬道蜿蜒，列树花木，有两株石刻龙柱，精隽美观，分立道旁，路将尽头有照相馆和亭榭茶园饭店等，供凭吊者之留影与憩息。

墓用士敏土建筑，中立一碑，标“七十二烈士之墓”，盖以小亭四围有栏杆，前设石儿，墓后设一大牌坊，上立石像非常壮伟，空气静寂之中，我们具至诚的热忱，凭空啃吊英烈的遗骸，凝神久之方散步他处，丛树之中亦多纪念物，追忆当时诸先烈为国牺牲之奋勇精神，推翻数千年帝制之风，而造成今日之民国，诚足以为后死者之模范。

据其旁石碑载，谓当时殉难者不仅此数，所谓七十二者，系有所稽考的和家属先后来报者耳。

园中浏览片刻，乘车赴海军坟墓，门前有两大炮分列，栏杆作炮弹形，庄严威武，入门迎面为一高耸纪念碑，旁列两亭，此外尚有许多殉难将士的墓，和通济殉难学生的坟，徘徊凭吊一番即驰车到黄花岗里的黄花别馆午膳。

午后，驰车赴观音山，山岭颇高，马路盘旋而上，抵镇海楼，楼高五层，结构精丽，为博物院之址。购票而入，则五光十色，应有尽有，观者接踵比肩，非常拥挤，而秩序确很佳，至第四楼有总理遗物存着，就是一套黄色学生衣和一双黄色皮鞋，系当时赠与陈某的。还有朱执信先生的眼镜，和某先烈的假手等，末层则多古物，梯旁则挂着烈士的遗像。

楼之右为总理纪念堂，山顶立一纪念塔，高入云霄，全部均系石头所建，工程浩大，前面的纪念堂则尤为精致，外为宫殿式，里头则以铜丝牵悬，使大会时音浪可以增高，而达于全室，前面建着一纪念碑，坐总理像于其上，全部建筑费须五百万元。

中央公园有似西式公园，树林荫翳，绿草如茵，另饶清幽之趣，游人亦络绎不绝，而于门前的雪白的观音像，观者尤其拥挤，我们以时间以不早，仿佛过目，即赴国货陈列所去。

这是暂时的陈列，由各商店担任，悬旗结彩，好不热闹，观者人山人海，一时大有沪城隍庙的状态。琳琅满目，美不胜收。正中还有剧台，表演新剧，出来已黄昏时分，暂别回黄埔去。

江中小岛，以竹桥连于市上的，是海珠公园，内有一亭为某公读书处，古漏一个，为我所未见的，水声得得，时正指未刻也，外围以铁丝网，观者很踊跃，古物色彩，又有一番风趣，隔墙为一铜像，即海军上将程璧光，御大礼服，手执军刀，状极魁梧，可是门被锁着，不得近前一谒，只能于远处拍一照片耳。

码头一段，正在建筑过江铁桥。

路上曾看见第几十几小学，为数这么多，教育一定是很普及的吧。

此地药材极有名，而铜的水烟台和铁锅子和夏布等，也负有盛誉。

离粤北返

四天工夫好容易完结了，十八日又预备航行，下午二时两舰先后起锚向下游进发，出虎门天色已近黄昏，不一刻夕阳西下，暗神吞遍大地，暮色苍茫中，寄锚于三洲岛附近。

此岛在中山港东十海里，本来的计划，是次晨赴中山港参加自由港总理铜像揭幕礼，可是当晚得电谓拜亚士湾有劫船案，须前往调查一切，不然先总理的故乡，或许可瞻仰一下的。

星光灿烂，银河在天，是晚我们乘此天色之佳，来认识航海术应用的星宿，练习夜间测算船位的经纬。

次晨于晨光曦微中，起锚向大海前进，绕香港之南，经Waglan灯楼折而向东北，下午三时抵大鹏湾，此系一良好的避风港湾。

拜亚士湾查劫

二十日，拂晓，我们即离此东航，九时许抵拜亚士湾之西岸投锚，马上放下小火轮，由渔船夫引路驶入离此十海里的澳头乡，我们带了武装的水兵前往，小火轮也装着机关炮，舟行一时许，方抵码头，遇一民船，装土炮数尊，经查明有执照后，才行登陆，先后到公安局和县政府里查询并向民间询问后，均无结果，据云该地尚称太平，劫案发生未尝闻及，扫兴回舰报告，抵舰时已下午二句钟矣。

饭后即起锚，展轮东航，四时半抵湾之东部平海抛锚，派舢板带水兵登岸调查，这里设有四舰队司令部和无线电台，专以截获海盗的归路和报告。是晚开探海灯扫射，舢板回来，方知海盗正由此登陆，而被获解省垣去了。

临近一带，共有四大湾，人烟稀少，海盗出没无常，船只遭难者不知凡几。据云，他们的帮侣是有组织的、有团体的，元首是个很有学问的人，大概也是环境所迫而致的吧。香港英海军司令部虽百般设法，保护商船，以无线电于每小时报告其船位并平安，倘届时无消息，他们即派那永备出发的驱逐舰，马上到出事地点调查，但是此法被盗知晓，上船即迫舰员，报告平安，致亦无功效。

我国海军过于幼稚，而舰艇为数不敷，不然，于此沿岸设一小港，专以探察海盗，则于航业上，必得格外的安全了。

铜山港

二十一日晨，继续北航，天气不佳，方行一点钟多，云雾满布，遮住一切目标，没奈何靠水程表的指数，计算船位，于八时半折入香海湾寄锚，航海员最怕的无情的云雾，近岸航行，是尤其危险的。

一直至下午四时，远山才隐约间渐渐地由雾里现出，一会儿青山显然，云雾尽消，航行又开始了，天气尚不大好，有微雨。

灯塔一座又一座过去。山坡起伏奔腾，不觉间暗神已揽大地的全权，轮叶还不断地推船前进，半夜过那红白相间而明的Breaker灯楼，再望到Lammock灯塔的红光时，东方已现鱼肚白色了，天明航向已直放铜山港矣，八时许到达。

铜山是避风良港之一，港口多礁石，状态百出，无一不能入画，尤其是微雨初霁的时候，愈显其美态。混沌石算为很奇妙的，两石相叠，推之则会动摇，而始终无相离而去的可能，视之极为危险，而实际上则极安全。

街市不佳，人民多业渔，生活程度有限，我们抵此，因要于下午赶到厦门，只有数小时的逗留。

厦门港

午后，起锚出口，转向东北方前进，四时许过Chapal灯塔，厦门港已愈迫愈近了，再一句钟转向进口，远望美丽的鼓浪屿，海关已高悬中国军舰进口的标号了。六时半投锚屿之西部。

厦门是海军要港之一，形势险要，有高山列岛为其门户，港口设有炮台并鱼雷台，内港宽阔，可驻多量舰泊，临岸有飞机场一所，为海军飞机的起落处。

厦门的市，是才改良的，其中还有在建筑的也很多，屋宇高耸，道路宽广，此地人民多为南洋巨商，有雄厚的资本，所以对于建设上的进行，是容易办的，生活程度则很高。

二十三日晨，登岸先赴水公安局后，由某副官带领，乘四部汽车鱼贯出发，直趋飞机场，约行半小时到达，亭内存着陆上飞机和小练习机等，由飞行员一一引导解释，使我们对于空中的器械也得领略不少的见识，可惜是时无情的云雾又来作祟，未能作一度飞行。

汽车左转右折，盘旋上山，抵蓄水池下，拾级而上，绿树红花中立着一所小屋，就是守水池的住所，和参观者的应接室和签名处，登楼俯瞰全池，诚属奇观，加以云消雾散，苍翠欲滴的山景，的确有留连不忍去之念。

水池系利用天然山涧，只截一面，清泉蓄贮其间，工程浩大，由此导入滤水池，经几度淀滤，才分散用户，泉水已经是极澄清而十分纯洁的了，再加以科学上的过滤，当然和别地方的自来水有大差别，所蓄的水量据云若一旦大旱，可以供全市两年的耗用。

南普陀有大寺，一山后风景秀丽，树木峥嵘，山岩壁立，略事憩息后，即别回司令部。

午后在部之花园眺览，假山亭榭很觉幽雅，山巅有亭翼然，绿荫之下，中山公园全景在望，若能于月明星稀和风习习的晚上，在此抚琴咏歌，也可算是一生的乐事。

在联欢社里略为参观后，又乘汽车出发，我们现在是绕禾山新筑的山路前进，浩浩荡荡，一直到路之尽头五通，下车，前面是茫茫大海，暖风吹来，海浪涌卷冲击礁石，白花飞溅状态万千，此海滨的景色是何等的天真活泼呢。

由清静的海滨，现在来繁华的中山公园了，大门上面放个十二光芒的白色电灯，入门就是一个大运动场，那一边立着很美丽的司令台，花草罗列，芬芳扑鼻，山上有个播音台，广唱音乐，游客也不至无聊，设备可谓极完美了，潆带的河水也可以泛舟，此外尚有很多的亭榭，美则美矣，然以为数过多，一般谓其反失天真，尚有图书馆、动物苑等建筑尚未完竣。

厦门的电影院，和沪上的可以并肩，放映有声的巨片，司令部特于二十五、二十六两日上午，特令放映，请我们士兵观看外国的东西和语言，他们当然不懂，而稍会英语的，一般也不过一知半解，莫名其妙地过那二小时的时光，当时中国的有声片尚未问世。

此地最有名的土物，莫如橙和那老旧的怀德居号所秘制的七珍梅橄榄盐等，外客来此，至少也要购些以馈赠亲友，我们这一次抵此，不消说的也要买一点。

鼓浪屿与厦门岛相对，隔以鹭江，风景绝佳，而空气则非常幽洁，多外人住宅，有似福州之仓前山，近码头为东方汽水厂，我们于二十四日到鼓浪屿，顺路而进，先到海关监督，晋谒监督许某，后由其科长带领，到此地有名的三个家园去。

仲训花园是巨商王仲训的，包围很大，多危岩峭壁曲折而登，最高处可望全厦景色和海口，但是所有的岩石，都是名人的字迹，清幽雅趣的园里，配以满刻无遗的石头，未免反失其真。

日光岩由小门可通，里头有个寺，旁有一石刻着“晃岩”两字，据云日出时该石即能映及，盖其位置高而向东也。

观海花园为黄奕柱先生所有，园临海，内植花木，适此春光明媚，大有可观，内中陈设则较为幽雅，围以小墙，可望海中景色，随波逐流的孤帆，卷浪触石的水声，又是一番乐趣。

林尔嘉花园和那两个有些分别，里头就有亭榭假山等，从小门出去，有石桥曲折而出，尽处建一小亭，这里可以尝海的风味，观海的奇景，半途巍然壁立一块大岩石，高处刻着“海阔天空”。

本来我们有参观厦门和集美的建议，可是天公不作美，连天阴雨，以致鼎鼎大名的大学校，不得一增闻见。

厦门到三都

光阴荏苒，一星期的时光，转瞬尽逝。二十九日清晨，我们又开航了，暖和的太阳隐在云间，微露着柔光，海不扬波，航程觉得很舒适。出口八时许，遇 Dodd 岛灯塔，改向东北，海岸的山岭越走越模糊了，汪洋大海中只有碧水青天，而有时远处几块岛屿而已。下午一时过龟山灯塔，二时复改向，再两小时抵海潭岛东之观音澳投锚，该处多渔网，盖人民多以渔为业也。

次晨，因云雾笼罩，延至九时才能开行，出口折向东北，沿岸而进，十时半过牛山灯楼，改折向北，午后过白犬岛，船身有些微摆动，这里风浪很有名，今天无恙，算为侥幸了，过马祖澳后，直向北茭嘴进发，过茭折向西北进口，三时许抵三都。

三都澳

三都也是避风良港之一，四面高山包围，形势上也极险要，山上多残岩怪石，起伏不平，横卧壁立，奇形怪状，像和尚负尼姑、牛爪迹等都很有意思，且在在都能引人夺目，内港很宽，可驻多量船泊，水寻也很适当。

交通上有来往福州的轮船，陆路也可以通行，很便利。

市上平常，有小规模的旅馆几间，近海关处，则很清爽，有球场一所，此外尚有小学校一。

三都到象山

二月一日，我们于上午七时，又行北上，出了重重门户般的港口，航向渐转东北，而穿西洋峡，刚刚离开不安全的范围，忽然一团大雾，迎面而来，一会儿一切都浴在浓雾之中，四面模糊，白日高悬的天气，这种现象也是很妙的一个。

幸船已至大海，不生危险，航程得继续下去，午后一时过东瓜屿灯塔，向南矶山前进。下午四时许，穿过南北矶两山之间，六时改向渔山而进，这样在水连天的界线中心，要行八小时，夕阳渐收回其余晖，暗笼着大海，更无目标可视了，只靠自己的罗经和水程表等。夜深，天气顿变，浓雾又来作祟，而加以纷纷雨丝，竟把可照耀二十五海里的渔山灯塔的强光，都遮到连微晕都不见了。

走错了航路么，大家惊疑着，可是风力是不大，且罗经极准确很勇信地鼓浪前进，暗中摸索地前进，于二时许改航北向，灯塔大约在雾的掩护下偷偷地过了，没有出现的机会，转瞬间漆黑黑的大海，已稍染有鱼肚白的色彩，推算船位，已在菲山之东，折而向西，测水的寻数，已可投锚，遂停轮寄椗。

雾开，果然菲山列岛罗列，我们继续开航，约行两时许到达象山之西湖港。

象山港

象山港两岸，高山对峙，导海西南流，中部折而东，就是西湖港，这里也四面皆山，形势很雄壮，但是范围不甚广阔，巨量的舰泊不能多所容纳。

在港之北岸则有几所茅屋，许多田亩外只有青山丛林了，人民多以农渔为业，商店因近来有陆战队驻防，才有小规模的一榈。此地名高埕，尚有其他的乡村，则在山的那边。

这幽静边僻的地方，就是将来中国的大规模海军学校的校址呵，刻下正在弄好山地，准备兴工的，现在暂设军港管理处管理，地基则由特务营办理之。

交通颇便利，每日大约都有轮船往来宁波，将来建设完竣，设轻便铁道或汽车路到宁波，则此人迹罕到之地，不难像香港般闻名于世界，此点专看当局的精神如何了。

大炮实弹演习

在此作一天之留。除参观地基外，别无留恋之可言，次晨出口到牛鼻山附近，演放舰炮，以荒岛 Starboard Jack 为目标，绕行施放。

九时半一切都像作战般准备完妥，红色的火药旗高飘桅樯，警告过往的船只，一时空气紧张，如临大敌，号音一响，炮声隆隆，如雷贯耳，该小岛不时水花飞溅，或土灰飞扬，报告某弹是命中了，舰身进退左右，炮口则随之而转移，一直到大小各炮机关炮飞机炮都有相当的表演后，红旗才随停放的号音而落。天色已将近黄昏，暂时投锚过宿。

空气紧张之中，炮弹若得命中，则某炮的瞄准者还觉得非常得意，喜形于色地好像颂扬他的技能，细细寻思，将来临阵时命中的悦喜，岂不是以杀人为儿戏呢，科学愈进步，人类生存的比例率愈低呵。

象山到普陀

六日晨六时许，起行绕舟山群岛之南向东北前进，九时许过庭灯塔，转北即白色的恪迦山灯塔了，不一刻抵普陀山之南。

是日，天虽晴而北风飒飒，浪涌极大，船身摇动不止，加以雪花飞舞，打断我们的游兴，结果久仰的佛地仅能由望远镜略窥一角，悠然神往耳。

航程告终

次晨，风尚如故，胜地终须错过无何，两舰于六时半均开行赴淞，结束我们的航程，先向 Steep 岛灯塔前进，抵下三丁灯塔一小时就到了 Bomham 岛和 Bution 岛，两灯塔均过于右边，现在大戢山可以望见了，再一小时向装铃花浮标而进，我们已向浩大的海说别，渐渐入淡的扬子了，顺着红色的灯船和浮标上驶，四时抵吴淞投锚。

航程至此算为最终的了，明晨进驶内港，给我们一苏生气，那时候海里的一切困乏无聊烦恼也都整整随流水东逝，到汪洋大海去了，谁也记不起已往的痛苦。

余影

在五十二天工夫，约二千海里的航程中，我们确乎增识不小，最重要的也就是我们的最大目的就是学术上的经历，其次就是各地的历史上的遗迹和各地的形势等等，此外对于惊涛骇浪的威权，也得一点相当的认识。

航行期中很遇过好几只商船，说来很属可悲，所遇的大概不是什么丸，船尾就是外国旗，可怜的青天白日满地红的旗帜，在碧水青天的大海里，很难有同时发现过三面的，中国的商业航业，思之何能不作长叹呢。

数十天之中，虽易地十数处，然而地亦不过三省耳，语言之变俨然数起，计由淞出发抵定海，那里就有了方言，象山虽和上者差不多，但也有些异处，下去到福州则大变了，厦门又是一种，汕头和广州则用粤语，三都又有三都的方言，一个中国的国民，要走遍全国至少要说好几种的语言，说来岂不可耻，我想国家不统一，和语言不统一很有关系呵。

荒山小岛，海里也不晓多少，但是我国对此，不知利害，连名字都没有的也很多，而从来也没测算的工作，外国人竟能遍履我疆无微不至，而最边僻之孤乡，亦能详述殆尽，此等举动未使非侵略的一种步骤，但是闭关自守的遗梦，至今还未撤销（本文所载的几个灯塔的名，就是由英字海图来的）。

沿岸一带，僧寺很多，但是我很不解，到底国家要此何用，一般满口弥陀的，到底对民族有何贡献，的的确确我是不懂呵，现在再来写我的普陀一日游，算这篇的结束吧。

普陀一日游

普陀相传为观音得道之胜地，风景秀丽，极负盛名，每年暑间中外人士趋赴避暑者不知多少，我们早就有一游之念，但是南航期中虽有动机，而天公不作美，终未如愿。

二十年春，应瑞舰载英公使，由沪赴普陀，我们于失望中得揩油似地作竟日之游，所过的当然有限，姑且录之，以志不忘。

星光闪烁的晚上，一声汽笛响处，船身徐徐前进，在黑暗的水中，向大海进发，轮叶不断地忙着工作，天星也不知不觉从东慢慢地而西，四面都是灯塔的光辉。

东方渐呈灰色而转白，文弱的细星也不知何时跑去了，转眼旭日上升，我们和久仰的佛地握手了。

小火轮舢板放下，他们都上岸了，我们也来预备摄影机干粮游览指南等一切，一会儿也离舰登陆。

弃舟登陆，就是短姑道头，其旁为慈云禅院，拾级而登，迎面立一大牌坊，宏模壮丽，中悬“南海胜景”直额，其下有徐世昌题之“同登彼岸”四大字，回顾海中，则有“短姑古迹”字样，刻于礁石上。

沿妙庄严路而行，路途平坦，绿树参天，左为白华山，循之而上，不一刻到了普济寺，前面为御碑亭，再进就是荷花池，有桥通之，即韦驮殿，这里有几丈高的四大金刚，和笑微微的弥勒佛，大殿前面立着大鼎，古木荫森下我们在此休憩，瞻想精致的建筑。

大殿前立着坐着的光头不知多少，个个手持念珠，究竟他们所思的是什么，谁也不得而知。

玉佛殿上有玉佛一尊，雪白皎洁，高约三尺，确是有价值的，此外还有罗汉殿、祖师殿等等，多极华丽可观，寺内有客堂可供游客休憩，茶水非常清甘。

寺之左即香街，这里有许多商店，也有照相馆，商店所售的，只有素菜之属，木鱼石像则沿街皆是，还有罗汉鞋等，则由和尚设摊售的，游客拥挤，他们的营业也很发达。

西香街左转为东香街，前行则路上又形寂寞，连连不绝尽为寺观，以其不甚广大，只作仿佛过目，复前行，山之尽头有门而入，为朝阳洞，潮声怒号，闻之毛骨疎然。

这里山岩，有似栖霞千佛岩，刻有佛像很多，壁上还有“看破世界”一类的石刻字句，俯视一片黄沙，映目闪烁，海滨则卷浪时涌，白花飞跃。有令人留恋的可能性，就是千步沙。

顺路而行，沿途游坐穷僧，求过往游客的慈施，经龙寿庵双泉庵而抵法雨寺，前面树林荫翳，石路宽敞，有长方池中架石桥，过桥入寺门有石坊壁立，苍翠之间，益形佳秀，再进为天王殿，再前行，又是笑不合口的弥勒佛了，照样的也有大殿等，玉佛也有一尊，此寺比较的还大一点，但是没有普济那样的热闹。

太阳已升至最高限度了，我们觉得很疲乏而且饿了，决议在此寺过午膳，带来的馒头太冰冷了又不好下咽，所以来尝尝光头和尚的粮食的味道，硬的红棕色的米饭，和没味道的素菜，大家勉强充饥，叫苦连天糊里糊涂了此一顿。

饭后略为休息，大家又举步，继续下半天的游程，时间限制我们只能一抵梵音洞，出寺向东行，经极乐庵就是飞沙嶴，满嶴都是洁净的黄沙，日光照映，几疑山涧中的泉流，有路通之，路旁排着许多竹箕，每个都放着少许冥钱和竹香，这是要过路的游客施一点小钱的，所以里头也有几个孔方的小铜钱。

先前道路崎岖，一会儿则很平坦了，山路临坡有栏杆围着，倒很舒适，临高眺览海中景色，历历眼前，乐处也都记不得走路的疲乏，行行重行行，迎面有个石碑，大书“梵音古洞”，但是还有很远的路，不过这里是洛迦洞。

向右拾级而下，有茅屋一椈，中间不消说有佛，里头有个小井，以石盖之，和尚把石盖拿起，把手遮住，里头有风吹出，这大概是个窟窿直抵海面，涌浪荡漾时，压着空气所致的。

复前行不久就到了目的地了，入寺左转右折，耳鼓就有轰轰的振动了，至岩边有石级可下，到了一个小屋，这是盖于两个岩壁之间，下面是数十丈的深涧，里头漆黑黑的一个洞缝，有人说，里头有影子，但昏暗之中，若有若无，谁也不能断定其虚实。

海水不时像万马奔腾，拥浪冲入，昂然一声，击着礁石发响，有的如虎啸狮哮的怪声，闻之的确有战栗可能。

梵音洞的奇妙面目，终于认识了，游兴虽浓，但时间不允准，只能顺原路言归了，路中尚是依依不舍，尤其是千步沙海滨的进退的浪花。

太阳渐渐和了，天色将近黄昏，一直跑到短姑道头，登上渡船向普陀山说再会。一天的经过，只能够有全山的三分之一，其余的不知何日才有一游的机会。

（三）英岛踏车记　　郑天杰

（原载民国二十六年《旅行杂志》第十一卷第二号）

小引

当舰在苏格兰西部的“八里晓日”的时候，差不多离暑假还有一月。有一天，上岸跑山去，路遇着三辆满载行装的脚踏车，因而使我回想老友王君等的重轰旅行队以及他们的“千里壮游录”。

我在英国已经整整一年了，但所走的地方，不过伦敦一个城和海军几个港；所接触的人物，不过旅馆中的几个住客和练习舰中的员兵。所以想趁暑假五星期的时间，也来一个脚踏车的长途旅行，多走几个地方，多接触一些人物，多领略点英国的民间风味。

果然，我的脚踏车在三星期中完成了一千零五十哩的路程（约合五千华里），经过的情形确很有趣，我想写一篇详细的报告。

在英国脚踏车旅行不是困难的事，路上不怕食宿发生问题，更不怕遇到强盗或且脚踏车被窃。但英岛多小山，因此有时须花很大的气力。朋友，你如果觉得有兴趣的话，请读我的日记。

——天杰志——

七月二十八日——行三十一哩

我是英舰 Frobisher 号的练习生，舰上学生们的暑假是在前天开始的，我回到伦敦后就把我的计划告诉监护人史托福君，得到他的同意，并应许代我转信，由是我在旅馆中住了两天，筹备一切用品，而至今日才开始出发。

新购的“海格利斯”牌脚踏车很轻快而适意，我第一目的是剑桥，但剑桥是在东北向的，我走错了西北向，在伦敦城中打了几十个冤枉的圈子，下午五时才到了 Wades Mill，这里有

“青年寄宿舍”，由是我决计在此过夜。现在我得先介绍所谓“青年寄宿舍”的情形，“青年寄宿舍”原名 Y.H.A. 是 Youth Hostel Association 的缩写，多半利用旧磨房和旧客栈来做舍址，分布在穷乡僻处或山清水秀的地方，差不多二十多哩便有一家。

Y.H.A. 的目的是唤起平民旅行的兴趣，借以促进对于国家的观念以及对于朋友的情感，凡年在十八以上的都可以加入为会员（盖此间以十八岁为成人）。凡十八岁至二十五岁为初级会员，会费为二先令半，二十五岁以上为高级会员，会费为五先令。

宿舍中备有床铺被褥，供给会员住宿，每次收费一先令，但会员不得在同一宿舍中连睡四夜。宿舍中还预备炉、锅、刀、叉等借与会员自己煮食，但宿舍中也可以用餐。会员须自己折被洗扫并且服从管理员的分配做事，而管理员多半是兼任别事的，因为宿舍在上午十时即关门，到了下午五时才开门。

英国的 Y.H.A. 是由德国学来的，开办只有四年，而事业已有蒸蒸日上的气象，我不晓得这办法在中国是否适合，但我这次旅行，Y.H.A. 都给我极好的印象。

七月二十九日——行三十四哩

昨夜住的“青年寄宿舍”是很新的农家，管理员是一个老太婆，住在那里的只有我一个，所以今早不慌不忙到十时许才动身。依旧向剑桥出发。

离剑桥七哩我用过了午餐，下午一时到了剑桥，那里我并没有熟人，决计只在车上兜二三小时的圈子。的确剑桥的环境十分美丽，是一个好的学校区，并不像繁杂的市镇。

离开了剑桥已是在下午五时了，在一个斜坡上我放车快驰，这倒把一双带来的运动鞋从行囊中落下，等到车停时已离落鞋的地方四百码，再回来寻鞋已经渺无踪迹了，“路不拾遗”在英国还没有这古风啊。

经了十五哩的路程（离剑桥起），我到了 St. lves 又找一个 Y.H.A. 的寄宿舍过夜，舍址是一百多年前的木盖磨房，旁边有一条小河，四围是参天的古树，三百码外有个墓园，园中有座天主教堂。

这里的大众室，是和厨房合在一起，管理员自己另有一个客栈，住客带着食品的就在宿舍中煮食，否则就要到管理员的客栈中用餐了。

今天住的会员，两位是由美国来的，她们都是小学堂的图画教员；一个是荷兰人，他大概是中学生；三个是英国北部人，还有一个就是我。

餐后大家围着大众室中的一张木桌边，桌上除一盏油灯外别无他物，当大众谈话时，管理员时时把火焰弄小，目的是为 Y.H.A. 节省开销。

美国人谈了她旅德旅法及旅意的经验，她说德国人是恳挚；法国人说坏些是滑头，意大利人是贪小利，她说：“在意大利，出门时身上得带些碎钱……”

轮到我说话时，我便谈许多中国的好处，他们都很表同情。

七月三十日——行四十哩

早上大家都各各赶上征程了，我因为在管理员的客栈中洗过澡，所以比他们晚半小时才出发。十时半我看见路旁倒了一辆脚踏车，路边草地上却倒着一个人，我想这人大概是受伤了，我急速停车并拿出急救药品，预备应用，可是当我走近时却认得是昨夜同住的荷兰人，他并不是受伤，自己说因认不了路停下来看地图，却就这样睡着了。我看他的地图太过于简陋，所以另送他一份详细的。

他是赴 Peterborough 的，我的目的地是 Nottingham。我们一齐向北的，于是决计同行。这是头一次在路上有伴的，我们谈起话来倒不寂寞，他对我说极爱中国李太白的诗，他念了许多首翻译的诗句给我听，我只能附和称好，其实不知道他念的是哪一首。由是我们同行七八哩，在一个十字路口挥手而别。

下午三时到了离伦敦一百哩的标志地方，记起重轰旅行队离上海一百公里的照片，所以也依样葫芦拍了一张，（可惜成绩不佳）。踏到夕阳西下时我在小村中正找不到宿处，幸好有个 A.A.（是 Automobile Association 的简称）的路上服务人，替我引到一家农舍去。

跟我同歇的住在另一个房间，他是从伦敦坐汽车回到Leeds去，他很称许我环踏英岛的计划，他劝我不要经过这Sheffield，那里尽是烟和屋，他还说最喜欢寄宿农家，头一件好处是小菜多，吃得爽快，果然这天晚上的菜好极了，一大块冻肉，一大杯牛乳，一大盘青菜，一大堆牛油面包，还有一大盘英国的国菜，那就是Fried Eggs and Bacon。

餐后在村中散步，和几个村童谈天，到十时才安睡去。

七月三十一日——行五十二哩

早上当我在餐室用膳时，同住的某君已向我说Good Bye, Good Luck了。我在十时才动身前进。车过Grantham时，我紧紧地追赶前面一辆脚踏车，经过了十几分钟的追逐，前面的车反特地慢行等我，见面时自然很好笑地招呼一下，因知他是赴Nottingham的，于是乎遂结伴同行。

他是看农事展览去的，他说他的车子将用一年了，可是款还没有还清，因为那是分期付款的，我们谈到个人的职业时，更加倍亲热起来，他在欧战时在舰上当过上士的，我也告诉他我是Sailor，此后说话里便有许多海上的名词，他问我是否海军的下级军官，这使我奇怪他怎样猜中了，他说："看你的说话及行止不像Lower deck（水兵的别称）的人，但如假设是上尉以上的军官，又一定不会来这一套脚踏车环游英岛的玩意儿。"

我告诉他我是 Cadet，由是他来了许多船艺的问题，俨然他做起教习的样子了，哈哈！

我们将分道时他劝我可能时赶到 Matlock 附近的 Rosely“孔雀旅馆”里住宿去，那里什么都好，风景好，住处好，食也好。

将到 Derby 时正碰到工厂散工的时候，成千的工人都坐着脚踏车回家去，真是从未曾知的伟观，原来英国工人差不多每人都有脚踏车，平日出入厂赶时间，假日用以结队到处游玩或旅行。

在 Derby 只停留半小时，是晚在 Milford 一个小旅馆中住宿，住旅馆的好处是有浴室可以洗澡，可以更安静地过一夜，不好的地方是没有人谈天。

八月一日——行四十一哩

离 Milford 去我的目的地是 Manchester，我沿着“多汶溪”（River Derwent）而上，经过 Rosely 时我便到“孔雀旅馆”午餐去，果然是好所在，好菜，然而钱太贵了。

经过 Manchester 后，尽是山上的路，由二百尺高的地面升到一千六百尺高的山，一路苦踏了五小时，苦推了两小时（实在这里“苦”的解释是气喘汗流腿酸手软），好容易始过了 Buxton，是晚我在 Goyt Valley 地方 Y.H.A. 的宿舍中住夜，但比原计划的路程已少走二十一哩了。

Goyt Valley 是在深山中间，宿舍中同住的两个是爱尔兰来的乘机器脚踏车的男人，有四个走路来的英国男人，还有一个走路来的英国女人，其余便是我了。

我们在一起吃饭，饭后不在大众室（Common Room）谈话，因为山前有美丽的草地，我们围坐在草地上闲谈，和英国人谈天，很少说政治或宗教的问题，谈的大半无关紧要，如“今天天气好啊”！一类的话，所以这天晚上我们的题材是当天的经过情形，和明天计划的行程，直到夜十时才回到 Y.H.A. 宿舍中睡觉去。

人生的遭遇，正似整个旅途的经历，连日来那些相见的，尽是他乡之客，相见的几小时都很亲热，等到分手时，何曾不依依惜别呢！所以在旅途中我真想多交几个朋友，见面时是“萍水相逢”，分手时又抱着“后会有期”的期望。

还有一件事我可以在这里附带记出的，就是在旅途到处我都写许多明信片给我的朋友，这也无非要为此行多留一些痕迹。

八月二日——行四十三哩

清晨大家又匆匆告别了，现在我的行装中和出发时稍有不同，因为寄回一顶呢帽，失了一双鞋子，但却新购一个水壶。

昨天上山的苦处换到今天下山的乐处，一路由高而下，十分轻快，可谓不费吹灰之力，第一站到了“鲸鱼桥”，在那里又购几张风景明信片，在邮局中写好寄给伦敦诸友，我曾这样地写：“我现在在山之巅，溪之边，跳跃而欢呼，……”这可见我当时快活的情绪。

这里离 Manchester 还有二十一哩，在下午一时，我才踏到。午餐后我购一瓶洗眼的药水，这是几天来得到的经验，借以把白天所收纳的灰末，在晚上洗清，既可护目又觉清爽，有时车踏快时，小虫会冲入眼球，亦非借此药水解围不可。

下午七时我到了 Chorley，又住在一个 Y.D.A. 的寄宿舍，舍址系老旧小旅馆改造的，管理员是一对中年夫妇。

同住的会员中，有三对是夫妇的，但晚上他们也须分开来睡，男的规定住男宿舍，女的住女宿舍。餐后在大众室中说笑话和玩纸牌，直到管理员来警告时间已经夜十时了，大家须睡觉去，我们始行散开安睡，我感到他们的守规则守时间和不苟的精神，实使我钦佩。

八月三日——行四十四哩

今天虽走四十四哩，也可以说一哩都没有走，因为白天到 Blackpool 玩去，晚上仍回到 Chorley 过夜。

早晨把所有包囊都解下寄在 Y.H.A. 的宿舍中，只带一架照相机和一只三脚架，同行的系一个十八九岁的青年，他的名字是 J.O. Yallely。

车子不带行李当然轻快了许多，一路上我们紧紧相随，只花九十分钟时间踏了二二哩的路。

到 Blackpool 后，我们先把车子寄存在车棚里，然后到游艺场里大跑一圈。齐坐 Big Dipper 一次，那是被称为“没肚子的车”，车轨像驼峰的一起一伏，车也是一起一伏地走动，真有些使人飘飘乎。

出了游艺场我们便同到一家旅馆中用餐去，钱是自理的。餐后还到铁塔上游览，里面有商店有戏院还有动物园，我们登上塔顶并拍几张照片。

我的同伴还要赶三十多哩的路到别处去，是以下午五时我们便分手告别，我独自踏车回 Chorley 去，独行多半慢些，整整花了两小时。

八月四日——行五十哩

在 Chorley 连住两夜之后，现在我又向利物浦 Liverpool 出发了。利物浦我有个熟人名叫黑耿约翰（我给他翻的名字），他常叫我找他去，趁这次旅行的机会在下午三时许我在他家门口掀铃了，十分钟过去还没有人开门，幸好他的邻居告诉我他和家属同上某处避暑去，那时我失望得很，只好草几行字投在他的信箱中，自己决计赴 Chester 去。

从 Liverpool 到 Birkenhead 须经过 Mersey River，那里有一水底隧道，一九三四年才完成的，由隧道中行车，真别有一番风味——一种凉快的风味。

到 Chester 已是下午七时了，这里的 Y.H.A. 宿舍已经住满人，后来由宿舍的管理人给我介绍到一家 C.T.C.（Cycle Touring Club）的旅馆里住。

八月五日——五十一二哩

原来的计划直至 Shrewsbury 去，但离 Chester 时我决计赴北 Wales 去，因为那边风景好，我是“随时爱景光”啊！

沿平路踏，沿山路踏，又沿海边踏，风景果然不错，好处在于野色使人的胸怀开畅一下。

我由 Rhyl 南下到 Denbigh，复由 Denbigh 西行赴 Llansannan，预备在 Llansannan 的 Y.H.A. 宿舍过夜。

由 Denbigh 到 Llansannan 路程只有七哩，但时间却花两小时，路上尽是高山，由海平线升到千六百呎，在夏天踏车更是费力了。

在山间看到一个大幕舍，有一百多辆的汽车和机器脚踏车停在那边，后来才知道是当地人举行唱歌比赛，这班人确是雅兴不浅。

闻人说此地人普通叫脚踏车做 Pushing Bike，实是含有幽默的意义的。

到了 Llansannan 后，Y.H.A. 的宿舍又是客满，只得又到当地的 A.A. 旅馆中过夜。

八月六日——行五十哩

今天计划到 Llanberis 看 Snowdon，这是英吉利和 Wales 最高的山，离海平三千五百六十呎（苏格兰最高峰是 Beu Nevis，离海平四千四百零六呎），我决计沿海边行。在路上遇到三个步行去 Snowdon 的人，他们很羡慕地跟我说："您今晚可到了，我们须两天哩！"

十二哩下山的路只花不了三刻钟，我到了 Abergele 后又转向西行过了 Colwyn Bay 到了 Conway，在那里看旧的炮垒并赏鉴美丽的悬桥。

赶赴 Llanberis 的最后一小时又是踏山路，Y.H.A. 的宿舍又是客满，只好又住旅馆了。

当吃晚饭时遇着一对夫妇，那女人是爱尔兰人，她是爱尔兰什么党的人，她顶乐观而且调皮，她说她最恨英国人，因为英国人太高傲，她说起刚从美国回到 Dublin（爱尔兰的京城）时，特地向一个警察问路寻寻开心，她当警察是英国人，但当警察告诉她他是爱尔兰人时，她大忸怩了，可是她的丈夫却是英国人。

我们住在同一旅馆里，约好明早同赴 Caernarvon 看威尔士人的国庆纪念会。

八月七日——行四十三哩

用过了早膳，我们都把行李寄在旅馆中，即时向 Caernarvon 出发，七哩的路程很容易过去了，街上热闹异常，结彩悬旗，悬的是威尔士的旧国旗。

庆祝典礼，将在下午三时起举行的。时候还早着哩！我们先到海滨浴场泅水去，下午十二时又踏回市的中心区，为着交通的拥挤，三辆车分了三段，一忽便各不见了，我花了十分钟时间找他俩不着，即决计回到旅馆来，决计赶到 Shrewsbury 取函件，连 Snowdon 的山顶也不去了，请旅馆的女经理人代我向那一对夫妇致极依依的歉意。

现在我的水壶中新装了汽水，在一个小湖旁水壶中的汽水发了野性，“嘭”的一声把塞子冲掉了，湖畔的许多观光者都吓得一跳，及知道底细，又互相大笑一阵，幸好我带了三四个后备的塞子，后来踏不上几哩路又冲掉一个塞子，而汽水却流去大半，车子上大觉有糖质的黏性，经此两番的经验，我决定不再把汽水装入水壶了！

晚上到了 Cerrig-y-Druidion，住在一家 C.T.C. 的寄宿舍里，Cerrig-y-Druidion 三字据店主说是等于英文的 Hero-of-Stone——

石头英雄，威尔士的文字真不易领会啊！记得昨天在乡村中因口渴向乡人乞水，因语言不通弄了半天哑戏，才达到目的。

旅馆的主人差不多六十多岁了，他能说很好的英文，他有一本纪念册的簿子，住客都给他留许多纪念字句，自然地我也写几句中文并几句英文。

八月八日——行四十八哩

今天踏了四十八哩的路程到了 Shrewsbury，马上到邮局中取信，那里我一共收了七八封，有中国来的，意大利来的，香港来的，当然这许多信都是先寄到伦敦，再由史托福君给我转来的。这是多么使我欢喜啊！在邮局中我写了好几张明信片分寄各友，给老友启熙君结婚一年纪念的礼物，也在这里挂号寄回中国的。

人们都称 Shrewsbury 做英国旧式城，其实除房子比较古色，街道比较窄小外，也不见得什么十分旧式。

这里有个旧炮垒，是对威尔士人而设的，眼前自然只供人凭吊了！

八月九日

出发至今已经十几天了，我决定今日休息一天，写信，理发并料理私事。

下午逛街道，参观炮垒。并看一回电影。

八月十日——行七十四哩

今天所走的路程特别长，最大的原因是由 Shrewsbury 到 Birmingham 一段有同伴一道行，他是赴 Cambridge 去的，须赶到 Birmingham 搭火车，有了他同行，在路上看地图、问路、打回头车等等事都省了，所以走得特别的快。

Birmingham 是英国大工业区，据说除伦敦外它便是第一大的城了，各种工厂都有出名的，如澳司丁 Austin 汽车厂、奇异 G.E.C. 电机厂、Cadobury 巧克力厂。

晚上住在 Holt-Heath 一个青年寄宿舍里。

八月十一日——行三十八哩

今天由 Holt-Heath 踏到 Kerne Bridge，经过的都是英国风景美丽的地方，经过了 Woreester，再经过了 Malvern，晚上睡在 Kerne Bridge 的青年寄宿舍，在那里遇着两个匈牙利女学生，闲谈里她们说起匈牙利人也是东方人，好像是说月氏族吧！她们是煮饭吃的，跟中国的炒饭差不多相似。

也是那天晚上，我发现英国盘子上绘的中国故事，是一位官家小姐钟情于一个书生，可是女子的父亲不喜欢他们结婚，把小姐关在小岛上，后来他们化成双鸟比翼飞去，这段绘在盘子上的故事和说明，是极乎普通的，但我很惭愧不能解释这故事的真实出处。

八月十二日——行三十二哩

由 Kerne Bridge 沿着 River Wye，西南行赴 Usk 再西折至 Pontypool，那是南威尔士煤矿区，到了那里适逢大雨，出发以来这已是第二次了，我是没有带雨具的，一遇了雨就感到十分不便，那时才下午四时，只好决定住在 Pontypool 了！

我住的地方是一家冷落的大旅馆，近年来用油多过用煤，这富盛的煤区，也陷入不景气的遭遇。

下午刚好英法女子比赛足球，留下的两三个钟头只好到足球场看热闹。

八月十三日——行五十六哩

今天的路程是由 Pontypool 绕道南威尔士之首府 Cardiff 而到 Chepstow。顺路曾参观煤矿，一路上大概是多山。

晚上歇在 Chepstow 的青年寄宿舍营帐里，在那里我给几十个童子军包围着，要我题字，弄得我连吃晚餐的时间都没有了，很有趣也很头痛。

我写的多半是中国成语和格言，如“自强不息”、“四海之内皆兄弟也”等，最初我还能翻成英文对照，后来要我题的太多，只好写了算数，翻译也来不及了。

八月十四日——行五十哩

由 Chepstow 赴 Bridge Water，路经 Bristal 停留三小时。

在 Bridge Water 我遇着一个德国教授，我们极痛快地谈了一夜问题，是中国内战的原因及今后的出路，我们又谈及宗教问题，最终他约我有机会到德一行，看看德国的情形。

八月十五日——行五十六哩

由 Bridge Water 赴 Exmouth 路过 Exeter 时我购了几匣 “Devonshire Cream” 赠送亲友，这是有名土产，好像我们游西湖时要买莼菜一样。

Bridge Water 属于 Sommerset 省，Exeter 属于 Devonshire 省，这两省多半是务农的，也是英国风景表率的地方。

晚上我宿在 Exmouth 的青年寄宿舍，那里有两个西班牙共产党人，我们也痛谈欧洲的政局，我们都同意欧洲各国都极 Notional Selfish。

八月十六日——行七十八哩

早晨离 Exmouth 晚上睡在 Blandford 的旅馆里，今天因为赶路一共踏了七十八哩，如果不是山路多还不止此数哩。

晚上无事，只和店主闲谈，我述及中国各月节气的欢乐情况，他也告诉我英国的“夏天的时间”的由来。

英国夏天的时间（British Summer time），是比平常时间提早一个钟头的，从四月中起至十月初止，全国完全用夏天时间，即本来的早五时，在夏天时间期内变为早六时，余类推。

这种变更是由欧战期中（一九一四至一九一八年）发端的。因为英国的纬度很高，在夏天的时候太阳出来很早，比方说：平常早上五时大家还在床上睡觉，在夏天早上五时太阳已经很高了，如果改为“夏天的时间”后，即提早一小时，五时当做六时，那么大家便可起来做工了。本来晚上九时太阳还未落山的，于是在夏天的时间里晚上十时太阳还未落山，这样地一来，那么全国人从早晨开始工作起到晚上睡觉止，都是在阳光里过去，因此可省下许多煤气电力及火油，省了许多钱，又可增加作战的资力，这真是妙算。

八月十七日——行六十二哩

晨离 Blandford，晚宿 Boetey，我的原计划是到 Portsmouth 的，可是过了 Southampton 时，给一位糖店老板留着谈天，耗了三个多钟头，所以赶不及到了。

那位糖店老板年约四十余岁，从前是陆军的一个班长或伍长，当欧战后，他是在印度驻防的，他自己有一架照相机，照了许多南印度及缅甸的土人相片，使我感到十分兴趣，当然我的大部分时间，是花在看相片的。

晚上歇在一家酒店楼上，实在是一家旅馆兼作酒店的。英国人有三大嗜好，也可以说三个魔力可以支配全英国人，第一是 Pubilc House——即酒家；第二为 Cinema House——即影戏院；第三是 Sport Ground——即运动场。

公余或工余，英国人不是到运动场看比球，便是到电影院看电影，再不然他一定是在酒家里（此间人简称为 Pub.）喝酒。

“酒为贵”（“Beer is Best”），到处都可看到此种广告，我以为如果英国把 Beer 禁止了，全国马上会起来革命。

可是话又说回来了，英国人的生活极单调，我可以不过分地说一句，英国人是极优美的机器，是极端机械式的国家，不必说他们的邻居有的七八年不相通问，即最亲热的夫妇，半片的车钱，也得算得清楚。

再说英国的酒家，营业的时间是有一定的，普通是每日上午十一时至下午一时，下午六时至十时或十时半止。如果延长至午夜十二时，则须纳特别重的捐税。英人也极能守法，在下午五时五十九分还是无处买酒的。

我所住的旅馆兼营酒家，晚上直热闹到深夜才得安睡，盖许多酒客正在高歌大喝也。

八月十八日——行六十哩

这是我最后一天的行程，心里含着无限“功德完满”的微笑。

早晨旅馆中的侍女拿着一本 Autograph（她自己的）请我题字，我写的是一首孟郊的《游子吟》吧，她很惊羡中国字，可惜她不会赏鉴中国诗。

中饭我在过 Chichester 后食的，在那里拍了最后一张的照片。

过 Worthing 时只小小勾留，下午五时许我到了终点 Brighton，那里葆恪君已代我安置好了住处。

事情极乎凑巧，当我到的时候，房东的无线电收音机，正收到一段中国的节目，据说以前是没有收过的，所以我自己常常这样想那是“再会”的朋友给我播音的欢迎歌吧！

结论——见闻杂录

“观”必有“感”；有“闻”必有“录”；这一些我个人的管见，总要报告一下。

英国的面积比中国的广东省大得有限，但也有四种极不同的语文，那是 England 的英文，Scotland 的苏格兰语文，Ireland 的爱尔兰语文，和那 Wales 的威尔士语文。而英文在英国各处音调又是不同，南英吉利的话和北英吉利的话是不相似的，正似我国的北京官话和南京官话。

英吉利人、苏格兰人、爱尔兰人及威尔士人的性格又各各不同，英人是物质主义者，唯钱是问。苏人及威人较重于感情，而爱尔兰人则好捣乱，尤其是对于英国人。他们各自团结，并不亚我国的同乡观念，当在 Y.H.A. 中住宿填写国籍的时候，他们多半填 English 或 Irish 等等，但也有那些新头脑的人题籍贯时写 British。

英政府最近有种促进人民养成欢乐情绪的运动，在乡村各处都贴很多标语，如“欢乐可以医百病”，“烦恼不足成一事”，“笑吧！笑吧！”等，除标语外还有唱歌会，他们选有名歌百余首，凡是英国人几乎都能和着合唱，当我在旅途时，村落酒家中每举行唱歌会，那时则男女老幼都赴会大唱。此外英人对于运动也格外嗜好，这在日记中已经提起了，人说“英国人是运动的情侣”（English are the lover of sports），诚哉斯言。

英国的商店，差不多每日上午十时开市，下午七时便一起关门，每星期中星期六下午及星期日一定是停止营业（药材店除外），他们称这种休息日为“Weekend Holiday”。每当 Weekend 时，夫妇们、情人们及朋友们，多半到各处旅行去，或到海滨泅水去，到处都有礼拜室，可是到教堂做礼拜的人多半是十九世纪的遗老。除 Weekend 假期外，每星期还有“半日营业日”上午开市下午营业，半日有的在礼拜三、礼拜四或礼拜五，工厂多半早八时起工至下午五时，上工人们只有那 Weekend 的假日。农夫渔夫们的工作时间是随时变更的，他们是最劳动的，几等于我们中国之日出而作日入而息。

二十一天中，我在旅馆中过十夜，农家中过三夜，还有七夜在 Y.H.A. 宿舍中。全程一共一千零六十哩，经过大城僻村，高山小丘，遇过两回大雨，接触的人物也是形形色色。二十一天的时间虽不长，然而二十一天尽在踏车也就不短了。在这时期中我坚持一种态度，是：我是中国人，应较欧洲人更和气，更客气，更守公德，更乐于尽义务。在二十一天行程中我至少改变了直接和我接触的几十个外国人对于中国的态度。这一层我多少心上总得一些安慰。

（四）德国潜艇基地——海立孤岭的命运　　郑大超

（原载《海军学术》月刊）

海立孤岭（Heligoland）[①]，系北海中的德国岛屿，位于北纬五十四度十一分东经七度五十三分。该岛距德国西北的哲德（Jade）、威悉（Wesser）、易北（Elbe）及爱达（Eider）等四河口约相等。岛长约一哩，宽约半哩，其面积虽仅及五分之一平方哩，但其位置却十分重要，它扼着德国军商港及基尔（Kiel）运河的出路。

岛上有两个市镇，建于一八○呎平坦之高地上者，名为高地镇（Oberland），建于东面海岸上者，名为低地镇（Unterland）。本岛之东面约一哩有一小岛名为“丹尼”（Dune），它原系“海立孤岭”的一部，一七二○年一次强风挟着骇浪将连接两岛的陆地冲断，而成了目前的航道。

“海立孤岭”住有数约三千的人民，多半为和平的渔民，

① 海立孤岭（Heligoland），英国出版之书刊均拼作：Heligoland，据《大英百科全书》载该名系由 Heiligeland 即 Holy land 转变而来。

以其距离“汉堡”、“卜内门”及“波罗的海”的城市均甚接近，所以也是观光的胜地，在二次世界大战前每季均有约三万的游客来该岛旅居，此外来岛度周末者亦以千计。该岛经常有四百多种候鸟来去，所以禽学家亦极感兴趣。

海立孤岭原系丹麦属地，一八〇七年为英国占领，一八一四年正式割让与英国，一八九〇年英国又让与德国以换取德国承认英国在东非“层期拔”（Zanzibar）岛②之主权。

一九一四年八月二十八日，欧战初起时英海军曾在该岛附近打了一场有名的胜仗——“海立孤岭”湾之海战（Battle of Heligoland Bight）③。

第一次世界大战时德国将该岛建设成为潜艇作战基地。一九一九年《凡尔赛和约》对该岛之一切军事设施，规定德国应悉予破坏并规定将来不得重建。但德国于希特勒执政时，不顾一切，又将“海立孤岭”建成了北海的堡垒，坚固的潜艇基

---

② 按层期拔岛在南纬六度，东经三九度，距郑和曾经之麻林地南约一八〇浬。冯承钧校注宋赵汝适《诸蕃志》（一二二五年著）关于层拔国条有：“昔大食人名非洲东岸之地曰僧只拔儿（Zangibar）。今尚有一小部分地存其旧名，即今地图名Zanzibar者是已。僧只拔儿犹言黑人之地，诸史中之僧只奴，殆为此地土人，《岭外代答》卷三有昆仑层期国，层期应是僧只别译，本书作层拔，应亦是Zangibar之简称。”本文采用层期拔之译名盖欲存史书之旧。

③ 海立孤岭湾之海战，英方损失仅一艘巡洋舰，三艘驱逐舰，受伤人员死伤共计七十五人。德方损失则为三艘巡洋舰，一艘驱逐舰沉没，一艘巡洋舰重伤，人员死伤及被俘者共为一千二百四十二名。

地[4]。

第二次世界大战期中，盟国飞机经常轰炸该岛，德军投降前不及一月内，英国皇家空军曾单独对该岛施行一千架次以上之轰击。一九四五年英占领军登陆时，该岛尚有四千名德国军防守，少数民众居住（大部居民则已迁往附近之可思港Cuxhaven）。可是岛上之地下道及潜艇掩蔽部则仍完好。

战后英占领军决心将“海立孤岭”之防御设施予以摧毁以减除对英国之威胁，乃采取一石二鸟计策，利用德国战俘，集运英占领区内难于处理之炸药及留存该岛之弹药计约五千吨，作爆毁该岛地下道及潜艇掩蔽部之用。此项爆毁作业定名为“巨响作战”（Operation big bang），于一九四七年四月十八日

---

④ 海立孤岭基地设施及防御共分三个系统：1.潜艇掩蔽部。2.地下道。3.防御炮系统。

潜艇掩蔽部：岛之南端港中建有长五〇〇英尺宽三〇〇英尺之钢筋水泥潜艇掩蔽部一座，含有三个潜艇停泊库（Submarine pens），其中两个停泊库可供四艘潜艇靠泊（Type XXIII U-boat），另一库则供潜艇浮坞之停泊。所有修理工场及料配件武器库则设在掩蔽部之后端。

德国 Type XXIII U-boat 排水量为二五〇～三二〇吨，艇长一三六呎六寸，艇宽一三呎，人员二十三员，马力七〇〇～三六〇匹，速率一三～七节。武装：三七公厘高射炮一门，机关枪一挺，二十一吋舰首鱼雷发射管三门。

地下道：岛之高地区域建有地下道系统，连接地下的各类仓库，人员居住处所，机械并电气工场及管制室等等，地下道全长为八又二分之一哩，分为四组：一组为主储藏地下道，系最低一层之地道，充作主要仓库厂房之用。一组为弹药库及人员生活地道，系靠西边之高层地下道，充作南北两个炮台之弹药库及人员生活住宿处所。一组为交通地下道。系靠东边之地道，充作民众消极掩蔽部及交通地道之用。一组为输运地下道，系缆车铁道地道系统，专供输运军品往各炮台之用。

地下道均有一英尺三吋至四英尺六吋厚之钢筋水泥护壁。

防御炮：高地防御设施，含有两个主要海岸防御炮台，在岛北之 Schroder 炮台有三尊十二英寸之舰炮，在岛南之炮台 Jakobsen battery 则有七英寸之主炮三尊另六寸之星弹炮两尊。低地防御系统则分为三个防区，东北区，地下道进出口及低地镇区，并潜艇掩蔽部区。三区共有平高射两用四寸炮二十一尊。

实施。⑤

海立孤岭于一九五二年归还西德政府。

（五）回忆录　　　　　　　　　　　　　　　　畲振兴遗稿

（原载《海军之缔造与发展》）

余生于民前二十三年九月二十八日，即一八八九年十月二十二日。世代耕读，居于山东福山县烟台南二里处之一村，共有三百余户，民风朴实，勤俭有礼。余初进私塾，后进学校，

⑤ 巨响作战之D日H时为一九四七年四月十八日十三时。

负责实施巨响作战者为英国驻德海军部队司令海军少将武克（Radm Harold Walker），参与舰艇有英国驱逐不列斯德（Bleasdale）号，敦克（Dunkirk）号，舰队扫雷舰爱尔柏哥（Albacore）号，电缆敷设舰拉苏（Lasso）号并汽艇但泽（Danzig）号等艘。

爆破实况：十八日天气晴朗海不扬波，电缆敷设舰早已将通往岛上引发装置之电缆敷设完毕并停泊于距海立孤岭南端约九里之地点，两艘驱逐舰及一艘扫雷舰分载英国驻德部队总司令、各国观察员及新闻记者等，由汉堡、可思港等地于九时半前后驶抵电缆敷设舰附近抛锚，最后一批岛上工作人员于十一时正乘汽艇但泽号撤离，预置岛上之小炸弹由计时引信引发陆续爆炸，借其驱赶鸟群，使不至在大爆炸时无法飞逃。十三时即H时，电缆敷设舰舰长按下电钮引发岛上约五千吨之炸药，其时一大片火光烟云即穿地而涌向天空，海立孤岭迅被浓烟淹没，烟云急剧上升，爆炸的压力形成一股劲风吹向泊舰，使其有一阵震荡，约四十多秒后舰中听到数声短促而尖锐的爆炸声，海上随而发出了隆隆的回声约有五分钟之久，烟云扶遥直上高达八千呎，接着缓缓上升至一万呎乃开始向东南倾斜逐渐散开，烟云上升沙尘落地后，海立孤岭又复出现，岛上之防御设施则已被炸毁。

爆炸当时各地之感觉：距离三十五浬之可思港，约于爆炸后一分钟，见到烟云升起并迅速扩大，三分钟后听到爆炸之声，港区房屋之窗户及食器均震动发响。

距离八〇浬之汉堡于爆炸后四小时亦可见到烟云，但若非特别提示则易误认为普通之白云。

距离四〇〇浬之伦敦植物园（Kew garden）地震仪有一连串轻微地震之纪录。

民前十年十四岁高小毕业，慈母逝世。翌年十五岁初中一年级。海军因庚子拳匪之乱，天津水师学堂停办，是年由北洋统带兼海圻舰管带萨镇冰，自资就甲午中日战争时防卫烟台之嵩武军左营旧址，创办学堂及练营，召集天津水师学堂散亡学生四名，并在烟台天津招选十二名，共十六名首班，余为其中召选之一，于是年开班上课。监督（比拟校长海圻帮带）谢葆璋，学监为一陈姓，教官徐裕源，专教数学英文，由一英国准尉勃赛特为体操及兵操教习。翌年春又招第二期学生，并由海圻派一驾驶大副江中清为驾驶教官，定期三年毕业。其时设备简陋，教授及器材多不完备，惟内外场俱皆认真，学生精神甚好，三十一年秋北洋大臣饬派二人赴美波士顿厂学习制造，当派第一期陈石英，第二期叶方哲二人出国。三十一年冬（十七岁第一期毕业），当奉北洋大臣袁世凯，练兵处大臣铁良饬知北洋海军统带萨镇冰，以日本外务省因中国历有派海军学生赴欧留学，日本甚欲中国亦派学生赴日留学海军，除在日本成城预备学校内就各省招选三十六名外，拟在国内南北洋海军学堂派送约四十名之数，本校亦在派送之列，因第一期仅有十六人，是以将第二期亦同时派十五人，共三十一人，往北京参加考试。是年十月，由教学教习徐裕源率领，由烟台乘海筹（管带何品璋）往天津，每人由校发给皮箱一只，照次序编成字母，余之箱为K字，抵津后乘车赴京，住骡马市大街长发栈，当晋谒铁良徐世昌等大员，即就东城铁狮子胡同练兵处开始考试，所考题目颇为浅易，然以十六七岁之学童，加以烟台海军学堂开办时又无汉文，仅注重数学测量等课，当时监考官冠带临场，计有谭学衡、刘冠雄、沈庆瑜及翰林数人，颇为隆重，考毕后乘商轮回烟住校中照常上课，以补满一学期课程举行毕业，听候榜示揭晓。三十二年春揭晓，全校除许秉贤因近视眼，林培堃、严寿华因身躯太小，尚有不及格者八名共十一名未获考取外，余共考取计一期十五名，二期七名共二十二名及格，于当年四月由海军游击郑祖彝率领乘轮赴沪，往三洋经桥长发栈，凡有发辫者一律剪除，数日后，乘法国商轮东渡，抵日后见过钦差杨枢、参赞王克敏、留学监督李士锐，即入日本东京深川区商船学校肄业。计已到有南京各师学堂第五期十二人，日本成城学堂考入者三十六人，全数共有七十人，俗称七十二贤者也。内分三班，烟台南京各生分二十二人为一级甲班专习日文课本，亦以日文为主，成城学校日文佳者刘华式等八人分为一级乙班，专习英文，惟课本仍用日文，俟预科完毕后，可合并为一级。另有二级学生凌霄等二十八人，系日英文及程度均差者，或一级甲乙班之考试不及格降级者。三年再习本科，对于海校绝不提及，以致烟台南京之年龄较大者，均以多费时间，所学又非正式海军，心中殊觉苦闷，然亦无可如何。惟日本之训练精神，殊为钦敬，每晨冷水盥洗，并冷水浴，同学七十人，圞住一练习机帆船四明治丸，寝以吊床，自放自细，并光足洗舱甲板，厕所冷暖无间，三餐米饭，杂以小麦，仅有二小碗，量大者每难果腹，菜则咸汤一碗，黄咸萝卜二块，有时咸鱼一块，或炒菜一小碟，甚为粗糙，有时同学中，难以下咽，每有以鸡蛋一校搅匀加酱油合饭者，初虽不惯，久成自然。学生无论冬夏，均着水兵白翻领衣服，仅戴学生帽，以资区别。兵操、体操、游泳、劈剑、柔术（摔跤）件件俱有，内场注重日久。第一年暑假，由教习率领到胜浦度夏，除火车外皆步行，沿途村庄俱有旅舍，以资休息。日本之屋进入时须脱鞋，屋内铺以二寸凉席，名榻榻米，房间以席数论。及抵胜浦时，沿途风景美丽，泉水之声随处可闻，住一老式旅舍，仍温习旧课。胜浦为一温泉区域，因在学生时代，是以未曾游玩也，假满仍由教习率带回校，照常攻读。每逢星期日放假，站队外出，有者游神田文明馆，有者游浅草或上野公园或靖国神社，尚不涉足不正当处所，夜间仍有自修。第二年春有湖北籍学生刘锤秀者，日语甚流利，唯多属下级语，日人日生多厌之。有一天未知何故用下等语与日生交谈，为其殴打，致动公愤，全体罢课，到公使馆请愿，惩罚殴打之生，向公馆道歉。校长平山藤次郎大佐，系一和平良善之人，以后作好作歹，各生始上课，另以一部分校舍作为中国学生课堂，与日生隔开。是年夏，暑假时要求不旅行，南北洋学生四十人回国省亲。各生回国抵上海后，即向萨提督报到，请求在日无学可求，徒费年月，要求调回派舰服务，时正值舰上缺人，当即电请南北洋大臣，将两班生调回服务，另由日本各文事学校考选补充。其时舰队感觉缺乏见习生，当由萨提督（比拟海军总司令）电奉南北洋大臣核准（以后在军之黄绪虞、杨宣城、刘田甫皆系以后补充者），萨统制将各生回国，分派各舰见习，另由其中选择烟台四人南京四人共八人，余亦在内，派赴英国驻东方舰队学习。是时英国在东方仅有一巡洋舰队，旗舰阿尔佛来君 King Alfard 一万八千吨，另有柏佛得 Bedfort、蒙茅斯 Monmoufhik Kens、坎特 Kent 九千八百吨级舰三艘，尚有阿斯特利 Astnca 四千二百吨级巡洋舰一艘，长驻上海。同学八人于光绪三十三年（前五年）八月，赴香港，分发每舰四人，余分在 Bedford 舰。舰上设有教官，教授数学、天文、驾驶、枪炮、鱼雷、电学、信号、轮机，另有军官教习、值更分队、战斗部署，均皆参加，每生有大木箱一个，名见习生箱，所有衣服皆放置在内，计军衣便衣衬衣等，卧以吊床 Midshipman’s Puater。另有三官厅，英人叫炮宝（Gun Room）为起坐读书之用，另以一少尉为长，并备见习生书格，可以放书及纸章之用，英官生相处甚好，在舰共有三四月之久，经南洋、新加坡，槟榔屿与婆罗洲一带巡弋，各生得到有益之海上经验。三十四年经海军统制萨镇冰之折冲，由英海军提督 Adm. Sir Wiuiam Miore 上将摩亚勃爵向英海部请求，允许派各生赴英国四舰队见习，计香港二名，余六名于四月间改乘瓜代舰安佛特莱 Aendcitnite 赴英共行六星期，抵达朴次茅斯 Portsmouth，路经印度洋、新加坡、槟榔屿、哥伦波、亚丁进红海苏伊士运河塞特港马尔他吉不勒他卜子茅辫，在地中海舰队 Duncan 舰留下二生，另留二生派大西洋舰队之 Exmourh，余及孟慕超派在英海峡舰队之副司令舰 Hidcrhia。是时正当日俄战后，俄国战败海军覆殁，又英日联盟成立，英对东方殖民地无东顾之忧，仅留巡洋舰数艘，以维现状，各主力舰调回本国，及大西洋地中海等区域，又以重大主力守本国。海峡舰队共八艘主力战舰，为旧时最新式者，名 King Edward VII 型排水量一万六千五百吨，十二寸炮前后各二尊，九寸前后边炮四尊，六寸炮十尊，配员八百员名，速力二十三海浬，总司令上将 Charles Beresford 以 King Edward VII 为旗舰，副总司令中将 Sir Rceihsld Cus Tamic 后又换中将 Sir Barkaluy Milns，以 Hibernia 为旗舰，另有 Taiumph Swif Tsure 四尊十寸主力炮战舰二艘，当时势力雄厚，以南部之 Pohlahd 为根据地，当因德国海军日强，用以防守德国也。在舰一年半曾巡弋英伦三岛及丹麦、挪威等处，可谓操练最勤之舰队，获益匪少。舰课完毕后于宣统元年九月派入英国伦敦西部之格林维区之海军大学肄业，是时已升少尉，计有实用驾驶、航海学、测量学、轮机、物理、化学、微积分、造船学、重学等，此校为英国海军最大学府，校尉官分科教学，教授皆为历年经验之上选，校长为中将 Dunford。宣统以三岁登基，渠父醇亲王载醴为摄政王，光绪后隆裕以旧仇宿怨将总理大臣袁世凯罢免，引用一般乳臭亲贵，以弟载询为筹办海军大臣，载涛为军谘大臣，兼贵胄学校校长，荫昌铁良一般满人供掌大权，以致全国人心大失所望。当年派载询萨镇冰以海军大臣名义，考察欧美各国海军，并各造舰艇以资默缀，德国三驱逐舰，同安、豫章、建康，意大利、奥地利一驱逐舰龙湍，英国二巡洋舰肇和、应瑞，美一巡洋舰飞鸿等舰。到英国时，各任 Langham Hotel，各生俱往拜见，随员中有驻美钦差梁诚。是时，驻英钦差为李经方，另选孟慕超、温树德二人为临时随员，到格林维区学校时，由校长及夫人招待。各生在校修业六个月，于宣统二年二月派一新改组之英本国舰队 Homes fleet、新式战舰 Aqamenrnou 即 Lord efsoh 型舰二艘，参加作战演习二个月。于当年五月派往朴次茅斯之鲸岛 Whale Island 学习枪炮六星期，H.M.S. Excehsnb 航海三星期，H.M.S. Vennch 学习鱼雷三星期，于宣统三年一月在英见习生少中尉课程完毕，准备回国。同人先计划由西比利亚回国，当时因东三省发生鼠疫，后决定仍乘商轮回国。在英海校时曾到法国巴黎一游，在驾驶学校时，适有日本自造之战斗巡洋舰生驹访候，余曾上船参观，舰长为上校铃木贯太郎，年龄约五十余岁，为一中等身材，较一般日本人为高，圆脸短髭，颇觉和善，此人当甲午战役官阶上尉，为鱼雷艇队长，曾率队破坏威海卫日岛之封锁线，雷击定远者也，后曾任日皇侍卫武官长，居海军元老，二次大战将终，曾一度任总理大臣，官至上将。沿途颇为舒适，抵港口可自由登岸游览，到锡兰之哥伦波时，因前船驶往澳洲，改乘 Mohxofsa 商船，前后航程共六星期之久，安回上海。在英共四年，行装甫卸，即趋见萨统制，奉命给假各先回家省亲度年，并于灯节后自行到北京聚齐到部考试。各人分道回家，余乘商轮回家，省亲度岁。宣统三年正月各同学到齐，先是各同学到北京正值英王 King Edward VII 去世，以威尔士亲王继王位，即 King George V，五月行加冕典礼，中国派海圻巡洋舰参加，由北洋海军协都统程璧光率领前往，并派孟慕超、刘永诰二同学随海圻前往，是以同学仅有六人参加考试，奉派航海科长刘冠雄为考官，因赴粤公干，改派航海科副科长刘传绶为考官。考后揭晓，发表以协参领少校照正军校上尉交萨都统分发各舰担任教练官之职，月薪库秤八十两。（吕一百，余任八十，夏六十），余分发海筹军舰为教官，该舰驻广州黄埔，是时烟台第六期及南京第七期学生毕业，派在海筹军舰见习。当时舰长黄钟瑛，副长陈鹏翔，驾驶大副陈训泳，枪炮大副沙训麟，烟台学生郑耀恭、郑耀振、陆极何，南京学生张日章、蒋元福、廖庆福、沈自道等。海睿舰长喜昌，满人，曾巡弋大鹏湾及澳门，于中秋节驶回黄埔度节。是时革命风声日紧，清政府拘捕党人日甚，中秋节后四日，即八月十九日（一九一一年十月十日），发生武昌起义，总督瑞澂弃城逃至楚豫军舰，陆军统制张彪不战而退，革命军占据武昌，共推标统黎元洪为首领，声势浩大，党人发动不可响迩。清廷大震即派陆军大臣荫昌，督师武胜关前锋段祺瑞攻打武昌，派南北洋海军都统萨镇冰率带海琛，由上海星夜赶赴汉口，连同原驻武昌之楚豫、建威、湖鹗、江贞，水路攻打武昌，因海圻出国即调粤防之海筹海容连夜北上驶往武昌协助。余等一般壮年闻知此信，以种族观念，均以推翻异族为然，迄二舰到高昌庙，代理北洋统制吴应科，吩咐二舰急速准备，速驶武昌应援。二舰准备后，即同时上驶，沿途经过镇江、南京、芜湖、安庆、九江等处，均在舰过后独立，镇江徐绍桢，南京徐固卿，安庆朱家宝，九江马毓宝等为都督。九月中旬驶抵鄂境，萨统制率各舰泊守汉口下游之刘家庙，即武昌下游青山之对面，二舰到后，即随同海琛率带江楚等舰上驶，向武昌炮击。惟海军官兵素晓大义，所射各弹不肯瞄准，当落水中，对于岸上并未损伤。陆军则攻打甚烈，守汉阳之黄兴不支弃逃，情势危急，当时清廷起用隐居河南之袁世凯为总理大臣，统率海陆军规复武汉，击溃革命军，不但未收效，各省纷纷独立日甚，袁则逗留观望不前，以待大势之进展，一方令饬海陆军停战，以政治手腕解决国事，因此正在危险万状之革命军，得到喘息余地，海军泊驻杨逻，陆军驻守大胜关，一面筹备立宪，所有独立各省恢复原状，然而大势所趋，证诸清廷政治腐败，仍须让政，始可谈判，久久不决。江水日涸，三海吃水较深再迟恐将冻结，即命筹、容、琛三舰东下，萨公自己移驻江贞，三舰即由资深舰长黄钟瑛率领下驶，离去视线后，即下锚开会。其时除海容舰长喜昌、副长联升，海琛舰长荣续系满人外，余均汉人，皆主张与革命军合作，推翻清廷，恢复汉族，是以开会结果，以萨统制饬各大舰东下，并未指定目的地，已暗示自由行动，各舰应仰体其意，自行决定。当即决意，驶至九江合作。抵九江时，即派代表与都督马毓宝联系，以黄钟瑛为一队司令，旋江贞舰亦到，以杜锡珪为海容舰长，以海琛副长林永谟为海琛舰舰长，喜昌、荣续、联升均以善意资遣。当时武昌军政府成立，发表以黄钟瑛为总司令，汤芗铭为北伐司令。是时陆军由段祺瑞领衔，各国公使由陆征祥领衔，劝清帝退位，而袁亦按兵不动，并迟迟不到北京，当时独立省份响应日多。北京自起用袁世凯，罢免摄政王后，更群龙无首，以致隆裕（光绪后）、宣统，以孤儿寡妇，惊惶无措，决策无人，终日以泪洗面，始毅然决然宣布退位，一切国是，交总理大臣袁世凯全权办理，以与革命军谋和停战。北京派唐绍仪，军政府派伍廷芳，为双方全权议和代表，以上海为议和地点，讨论多日，几经决裂，经以议妥条件：①大意清廷让政于汉人；②以袁为第一任大总统定南京为首都；③以红黄蓝白黑五色为国旗（汉满蒙回藏旗）；④定优待条件优待清室；⑤八旗子弟筹以生活之路。当时即在南京，一九一二年一月一日成立政府，以孙文为临时大总统，设海军部于南京，黄钟瑛为总长，下辖六司，以朱声岗为舰政司司长，余为该司兵器科科长，由舰迁居岸上，海筹则由林颂庄继任。南北议和，于一九一一年宣统三年十一月十三日，改元民国元年一月一日，废除宣统年号，用阳历记年。是时因和议定南京为首都，以第一任大总统让袁世凯，促到南京就职，袁以北方重镇，须布置妥后始可离开，否则如有枝节，关系非小。正在磋商间，驻南宛第三镇变动，统制曾锟尚有姜桂题之老毅军亦曾参加，惟不久即平息，袁则借口不能离开。二月十二日南北统一，举袁世凯为大总统，各部会又须迁往北京。是时黄钟瑛就海军总司令，刘冠雄为总长，汤芗铭为次长，余被派先赴北京接收军械司案卷，及各国造船契约。海军部到京后，仍以石驸马大街原址为办公处所。元年三月余仍为兵器科中校正科长，司长吴纫礼，副科长姜鸿滋，派蓝建枢为左司令，担任海防，徐振鹏为右司令，担任江防，蓝以海军部副官任光宇为舰队参谋，刘总长派余为副官，担任与欧美等国接洽事宜，留日学生王统担任与日本接洽事宜。二年三月刘总长集合左队各舰在庙岛会操，计有海圻、海筹、海容、海琛，新回国之应瑞、肇和及通济及永丰、永翔、飞鹰、联鲸，刘总长率林参事葆怿、秘书及余亦随同前往，在大沽登联鲸，船到庙岛，余队由蓝司令指导作各种运动以及射击等，完毕后回京。当时革命军以袁不守约法，各省蠢蠢发动，上海尤紧急，七月袁则预派海军耆宿郑汝成为上海镇守使，统辖卢永祥之军队。其时黄钟瑛积劳病故，派参事李鼎新为总司令。于吴淞钮永建独立，南京南昌相继独立，袁派刘冠雄南洋宣抚使，率全部舰队，并以李凉基之混成旅编为陆战队南下，余亦在海圻，进长江攻吴淞，另以李淳基部队，由九段登陆，会同郑汝成部直攻龙华，于吴淞龙华相继攻下。刘总长进高武庙，当郑汝成朱鼎新开会讨论善后，即率舰沿江上驶攻打南京，舰队泊乌龙山炮台，以与岸取得联系，以雷震击攻中华门，张勋、冯国璋由浦口正面攻打，南京于八月三日（即九月一日）攻下，而上游则由次长汤芗铭向下攻打，武昌由王占元，南昌由李纯，安徽由倪嗣冲，均相继攻下。刘总长以上游无事，派余乘浪字鱼雷艇上驶，沿江以总长名义宣慰各舰，抵湖口时遇汤次长，后又直赴长沙。宣劳毕，返回南京随同刘总长回沪，刘总长即派余为楚有舰长，因魏子浩调职，于九月底在高昌庙接部事，而刘总长率同员班师回京，余之舰长生活自此开始。当时余以二十五岁年龄，籍山东人，无背境，长七百五十吨之炮舰，均为奇异，以致李之幕僚秘书饶怀羲、王璧颖等，时时予以刁难。长舰未及一月，以总统在大沽校阅，派楚有参加，余奉命后，回船查验，此舰自日本回国后，尚未单独出海，官兵无经验，海图未备，仪器不全，沪战事驻守龙华，每日留汽水管曾渗漏八十余条，尚未补修，余即查明应添各物，以三百余元购齐，惟以锅炉渗漏，恐不能北上，以抵抗冬季东北信风以是作罢。民国三年，南京督军冯国璋接海州镇守使白宝山电报，称有日本商船在海州私卸军火，商同海军派舰堵截，并派一中校副官王通，随舰前往。当开上海准备一切妥后，即开吴淞口候天气，是时淞口风浪甚大，阴云密布，天文台并挂警告信号，嗣以总司令来电，催促速开，是以不顾气候之恶劣，冒浪航行。一路东北风剧烈摆动甚大，时打空车，幸以新派轮机长林桂吉久在海圻，经验丰富，处置得宜，水管随漏随塞，得以继续航行。第二夜九时后，风浪猛烈，有如山涌，因航向指北，是以东北风在右船首，成二十五度角，船已摆至四十度，平底空车，浪花飞满全船。楚有望台本为江用，毫无遮挡，以致驾驶台之值班员兵，如浸水中，雨衣数换，船上员兵未经海上训练，大部晕船，副长王说，航海副陈龙，枪炮副汤宝璜，轮机副倪世龄，皆晕卧倒。驾驶台仅余同一掌舵中士，机舱仅轮机长林桂吉及二帮车。抵五条沙，船转向西北，向海州行驶，东北风以九十度直角猛扑右舷，舰向左倾，无法恢复平衡。楚有本属江行平底船，凌波力太弱，当时极度危险，右车直升水面，空车使船身震动颇烈，风雨浪花，全舰上部如同浸水中，势甚危险，为安全计，即转舰仍向东北迎风行驶，俾使倾斜减低。时正夜间十时左右，天黑无月，海浪汹涌，全海水变成白色。约夜一时，因驶离五号沙太远，恐失去方位，即以十六字一百八十度之转向，朝西与顺风行驶。迨至四时左右，约驶至原方位，即五号沙外沿，天已微明，风已渺小，即指针向奶奶山目标行驶。约在九时左右奶奶山在望，于十时半，驶过奶奶山即在六拓水抛锚。海面既无日轮又无帅船类似装卸军火企图，舰上因二日一夜之颠簸，煤水两缺，与地方接洽势不可能，决定开青岛补助煤水，再回海州，观察动静，当即于翌日即起海开青岛，在外港抛锚，当时青岛尚为德国租借地，照规定非德国军舰进口，须放贺炮二十一发，以敬地主，本舰照定例致贺，炮台如数答礼（言之伤心），德总督派一尉官访候，当将来装添煤水之意，旋即定时拜访总督，派有马车在栈桥迎接，抵办公室，（当地人称提督大楼），拜见总督，系一海军上校，回舰后提督派上校参谋长来回拜。下午在内港之德国舰队之装甲巡洋舰，香霍斯特 Scharnhorst，格诺散拿 Gneisenaii 及护甲巡洋舰 Emden 三艘，驶出外港，并有中将司令 Von Spce 在 Scharnhorst 舰上，当放礼炮十五响，旋往拜诺，并派上校舰长回拜，交换礼节后，即交涉装水煤账签字，由上海交付，并致电总司令公署，报告情况。晚间在酒楼宴请王副官通，及舰上各员，席中接沪署电，对于开青装水煤，甚不为然，并饬即开海州堵截。翌日即开海州，发现日本货船一艘，经查系一装盐船并无其他痕迹可寻，询之渔舟，据称日船来海州装盐系有定期性的，并乘一渔船，带一武装兵到最近岸之青口，再到海州见白宝山，及抵岸，得悉白已赴南京。对于日船卸军火一事，有此传说并无事实现已成过去，即据以报沪署候示，沪署来电饬开沪，当即开沪。惟王副官通，因来时余悸未定，决心由陆地回南京，并未勉强。抵沪后，水管连前共渗漏一百二十余条，仍不予修理，饬开天生港驻防，又开江阴协防，并先有江贞舰长周兆瑞同泊一港。于是年（一九一四年，民国三年）七月，欧战发生，楚有又奉命开烟台，归第一舰队林司令葆怿节制。抵烟后，海圻已在大沽口外，当开大沽抵口时，看见海圻，八时升旗时，即放礼炮十三响，海圻回七响，于由海圻派一 Cutter 舢板，接至海圻拜见司令，奉谕以口外浪大，可开入口内靠造船所码头，维持欧战之中立。当开入大沽，靠码头，此时大沽造船所所长系吴毓麟，并在大沽进坞勘底，大沽系土坞，开关颇费人工，工程相当迟缓，约两个月修竣，仍靠码头，中间赴北京二次，于十一月由永丰接防，本舰奉命开沪。当先开烟台时东北风开始，渤海风浪甚大，摇摆甚猛，抵烟后遇海圻，奉指示俟天好开沪，当回家祭祖，并由林司令派飞鹰船工中士一名助理，由海圻接一风雨指表仪，择一风浪略平之日，由烟先开石岛，抵石岛后，又开上海。将到畲山岛风浪渐大，抵进口响钟，船无法转头，惟有向南，在舟山岛中之一岛躲风，计两天始开回沪，进高昌庙见总司令李鼎新报告一切，于年底开往镇江驻防。当时镇江镇守使为施从滨，为一行伍出身之军人，为人粗而爽直。转年民国四年四月开湖口会操，司令为徐振鹏，参谋长江克东，副官王寿廷、田士捷，每晨各舰士兵登陆步操，及照船上每日操作表执行，驻泊港内有余之楚有军舰，楚同舰长陈训咏，楚观舰长沈继芳，江元舰长温树德，江亨舰长陈世美（后改名为季良），江利舰长朱天森，江贞舰长周兆瑞，楚谦舰长奚定谟，楚泰舰舰长吕德元，江犀舰长杜宗凯，江鲲舰长杨庆贞，豫章舰长吴志馨，尚有四湖四字鱼雷艇等，艇数艘，参加会操一个月。正值日本提出二十一条件于五月七日最后通告，限四十八小时答复，于九日承认。五月间总司令李鼎新率副官及少数随员到湖口校阅，完毕后，各舰分派各处驻防。楚有派九江驻防，该地镇守使吴金标为陆军一等资格军官，笃信基督教，对海军甚敬重，感情甚好，在此处逢到一艘英大型装六寸炮，八百吨之江防炮艇 Gnat，舰长为少校 Ram Sey，系余七年前在英巡洋舰 Bedford 之同学，并带同往见吴镇守使，余并宴请，吴亦在署宴请，邀余为陪。是时因牵制时局又紧张，军事吃紧，袁派张怀并为二路总司令，率张宗昌等一千人向江西进发乘联鲸舰（舰长刘永浩），由九江登岸，余舰担任掩护之责，曹锟为一路总司令驻岳州，进窥湖南，海次汤芗铭负责江上，余舰亦上驶武昌湖北，督军为王占元，山东冠陶人，甲午之役充任旅顺炮台哨官，是时徐振鹏已调为次长，因汤芗铭已接任湖南督军。政局日趋微妙，不知演变至如何阶段，又以民国政体，袁则大胆封爵以副总统黎元洪为始，封为武义亲王，余则公、侯、伯、子、男、轻骑、都尉、以骑都尉等，杨度梁士诒等又推波逐浪，任意乱为。以致段祺瑞称病，王士珍闭门不出，仅有南京冯国璋拥护，果然于民五突推翻民国，改帝制称洪宪，改元为洪宪元年。是时之各省渐有不稳现象，袁则重兵压境，四川陈宧，湖南汤芗铭，江西李纯，江苏冯国璋，浙江卢永祥，福建李厚基，广东龙济光，皆拥护袁者，不意忽有蔡锷潜行离京，由津转云南，联络各队首倡反对，各省之态度不明者，纷纷响应，昔之拥护者，现渐已携贰，最受打击者，莫过于陈宧及汤芗铭亦相继独立，袁则大为愤怒，突逝世，前后称帝仅八十三天，所谓八十三日皇帝梦也。是时余驻防长沙，后又因移防武昌，继黎以副总统依法就任大总统。六年各督军到京，成为督军团，使黎不能行使职权，海长是时已换海军总司令程璧光，第一舰队司令林葆怿突然到秦皇岛登海圻，率海圻、海琛、飞鹰、永丰、永翔、豫章、同安、舞凤、楚豫舰直驶广东护法，本来筹容二舰亦同时前往，后因杜授二队司令，林颂庄授一队司令，而变卦，是时刘冠雄又复任部长，总司令为饶怀文。当此国事动荡混乱之际，余舰一直驻防长江各埠，日期地点已不复记忆。民国七年春，蓝总司令接任，派余舰护送靖安舰长甘联装兵开厦门，增援李厚基，因靖安走外线，楚有走内线，商定各自航行，用无线电取得联络，而楚有航行中得悉靖安在厦门卸兵毕，已驶进马江，当奉总司令饬直驶马尾，是时副长为陆杰，驾驶副为汪于详，枪炮副钟星耀，轮机长林桂吉，轮机副倪世龄，到马尾后见林司令颂庄，奉派开驻省垣，驻泊泛船浦，保护省城及南台一带治安。驻此处时，与地方上俱有联系，数月后奉命先驻琯头，又开南日岛一带，及平海卫并海坛巡弋。迨后福州成立清乡督办处，以萨镇冰督办，黄培松为会办，楚有由萨督办乘坐，第一次出巡南日岛解决械斗，并带二遗孤到福州读书，后又巡弋三都澳，萨督办赴宁德县抚慰一切，驶回泛船浦驻泊。是年余三十初度，并宴请船上官佐士兵。民国八年因蓝总司令政策，意欲调换职务，先以中型舰长互调，余调楚谦，而王光熊调楚有，余及眷属乘靖安回沪，接管楚谦。接收竣，蓝总司令拟乘往长江一带校阅各舰，并带同总署各课长，溯江上驶，至湖口校阅毕，仍回上海。适烟校学生共七十九人，因烟淞两校合并，年限由三年改五年，尤以教职员处理不当，全体离校赴沪请愿，各省议员亦纷纷责问，十二月徐世昌为大总统，萨镇冰为部长，当派余为烟台海军学校校长，余是年三十一岁且长舰六年，自问尚可应付，惟长教育一节，恐非所长，且过去为校长者，皆系年已高，约在五十以上或近六十岁者，向蓝总司令数次辞谢未准，最后惟有亲到北京向部长面陈。于九年初一面将楚谦职务交周兆瑞代理，一面乘火车进京，在京度旧历年，见萨总长继续辞谢，无论如何不准，余亦坚定意志不去，最后萨表示，余不去烟，渠亦将辞去长，余睹此情形，势将决裂，惟有接受烟校校长，要求以代理名义，维持三月。当即出京，阴二月接篆烟校在京并带王院（改名天池）及李信候二生，其余各生亦陆续回校上课，吴淞海校教官亦到校上课，并另请一微积分及化学教习，从此三年改为五年。当年四月广东黄埔派来一班修业生十二人加入补习，列入本校十四届称为补习班，此时有十四届、十五届孝悌二班，及十六届一班学生，程度甚高，可谓各省优秀青年，芩集于此。萨总长对于各生期望甚切，迭颁训示，例如“精气神”，及纳尔逊传等，余每星期日分别集队训话，或作格言为诸生修身修德之需，学堂几复旧状，五月实授为烟校校长。广东补习班于是年冬毕业，举行考试，发给证书，并分派南京军官学校学习枪炮鱼雷。是年因徐世昌大总统任满，在未选出继任前，以段为执政，皖系大占优势，直系曹锟以吴佩孚为原动力，由衡阳回军，以致引起所谓直皖之战，皖系败，直系曹锟以贿选而得大总统，此时中央政局之不安，支出日多，财政无办法，本校开始欠饷。十年又以直系吴佩孚与张作霖发生不睦，六月间发生奉直战争，直败，曹锟羁留瀛台，吴则流浪海上，奉系冯麟阁、杨宇霆均入关，张则进京为陆海军大元帅。是时本校薪饷欠有十月之久，正值年终十五届毕业，教职员因生活不继难以上课，恐妨及学业，“商同家长以房契押借三千余元，发校饷两月”，勉强维持第十五届毕业。十一年校中情况尤觉困难，当时李鼎新为部长，萨上将闲居北京，余因六月十六届毕业，已将闹风潮之学生完全毕业，以不负萨上将在部长任内派余为校长之意义，即以私函恳萨上将向李总长请调，一面电部辞职，是时，校中由马尾拨来十七届一班生，而十六届于六月毕业。是时李鼎新为部长，杜锡珪为总司令，在京来电，征余长建威军舰之同意，到京交涉欠饷达一月之久，带同二个月薪回校发放。新校长已派林继荫，因到差无期，即将校务交佐理官戚本恕，留交新任，余即携眷赴南京见杜总司令，后接管建威。该舰泊南京下关老江口，副长王崇毅，航海副顾奎，枪炮副丁士彦，轮机长黄辉如。此舰久驻长江，已数年未修，过去皆以此舰腐朽，多不注意，以致舰上污秽不堪，舱内久不油漆，腐铁碎片，随手可抓，并因单层底已发现渗漏，即饬兵整理敲锈，加漆，并将舱底洗净，因久未进坞（据闻有六年之久），此后亦遥遥无期，为保安全计，舱底漏处先以水泥填补，再以舱底漆（此漆船上尚不购备，首在入坞时酌留若干备用）油之，因舰无此种漆，只有自行购买，另铁铺将锚链逐一敲验，凡当地工厂能修者，尽量修换，以策安全。此舰常驻南京芜湖大通等处，余长此舰共二年。因沪上独立舰队之靖安练运舰归队，杜仍任总司令驻南京，派余为舰长，于十三年十一月在南京接管，此舰系一商船改造，作为运练舰归练习舰队，是时练队司令为甘联璈，十四年七月十五日晋海军少将，余长此舰共三年之久，中间经过北伐之役。是时总司令换杨树庄，派余长普安运舰，查该舰吨位虽大，然过去各舰长，皆系江楚舰长升任两建吨舰长，过去升任三海及瑞和等舰，改任靖安已属非是，尤以余长舰十余年之久，以当时海军舰艇之少，有多数军官不能升舰长者，余久居舰长，实非应该，且以先进海军国，亦未有长舰如是之久者，应调岸职，予以调剂，是以将靖安移交高宪申后，即辞普安一职，杨总司令坚不肯准予，亦不接任，相持数月后，杜锡珪以在野之身，再三劝慰，杨亦由总参谋长李景曦、参谋长吴光宗一再劝慰，始于十七年二月到厦门接长普安。是时烟台刘珍年已效顺中央，杨即派余赴烟台接收海校练营医院炮台各机构，并以在烟之李申之为副主任，于十七年七月到烟，尚未部署，刘已叛变，悬五色旗捕杀中央代表，余藏躲家中三天，后搭船赴大连，换轮回沪，旋派为海军总司令部上校参议员兼法规委员会委员，委员有张心如、陈毓停，杜逢时、朱天森等人。十八年十月因中央底定全国，编遣军队，海军亦同一律，海军总司令部改为海军编遣办事处，连同青岛海军在内，派余为军务局训练课上校课长。此时南京设海军署，内部设司，有类海军部之雏形，上海总部之职员调往南京甚多，十九年七月，调余为扬子江引港传习所上校所长，所址设于沪西枫林桥，附属海道测量局，其任务按定期训练上海汉口间所有引水人，予以六个月训练予以考验，发给修业证书，其职务繁忙者，以函授方式，到沪时，再来所中请益，各引水人登记甚为踊跃，仅王廷榆少校教员一人，殊觉忙碌，计修业正式二一六学习人，一律发给证书。二十年四月，改为海军引水传习所，隶于海军部（海军署已改海军部）。颁给印信后，二十三年开始训练汉宜湘引水人一百六十余名，并修业考试，照案发给修业证书，并继续发给执业证书，凭以营业，从此长江一带引水形势，上海军部已掌握一切，嗣又拟再训练宜昌上游引水及各海口引水，前者因路远不克参加，后者多不应召，欲着手沪海引水，因外交关系，未能进行。二十三年底宁海高宪申调引水传习所上校所长，余则调为编译处少将处长，于二十四年二月接事。当年十月继母王氏逝世，回烟奔丧。二十五年上月迎养先父来南京奉侍，是年十一月，以脑溢血不治逝世，时年七十岁，时正阳历圣诞节之夜，当将三、四、五弟电召来南京办理丧事，并运柩回烟安葬。二十六年七月七日，卢沟桥战起，发动全面抗战。上海三个月之抗战，撤守后，南京吃紧，奉令军学司、海政司、军务司编译处先撤湖口。先是上海于八月十三日发生战事，南京于八月十五日开始发生空袭，每日最多有十余次之多，轰炸目标多在中华门飞机场一带，下关码头多被扫射，家属住挹江门内桃源村，因惊惶不安，先移中华门后又移安徽白渡桥，仅留一当差张宝峰看守门户。当撤湖口命令下，该日下雨，上午陈部长参加行政院会议，中午回部，即令准备须当晚乘江贞上驶，除公文及自身简便用物外，一概不得多带，以致余之秋夏衣服及眷属衣服大小箱筐二十余只，动用家俱全留在南京，是时眷属均在白渡桥，因行期迫不及待，只好放弃，从此即音信断绝，有半年之久。到湖口后，因事先设备不全，以致坐卧俱未部署，办公更谈不到，可谓受苦已极。约一月又奉命迁移岳州，而南京海部其余各司，已先期迁移岳州，到岳后配给数间民房办公，挤集一处，职员均在外面自寻宿舍，食则自行设法，可谓不便之至。迨至年终，海军部改为海军总司令部，编制不同，因余编译处，唐德圻舰政司，林献圻军械司，吕德元军学司，许继祥海政司，均派为少将候补员，各自遣散，其余陈季良仍为舰队司令，陈训咏为参谋长，杨庆贞为参谋处长，罗序和为军需处长，林国赓为军衡处长，余及各司长，以及被遣科长秘书科员，共为二十八人要求获准，由武昌挂一二十四铺卧车（瘦者二人并一铺）至岳州，各员搭乘赴广州，转香港，乘轮回上海，余阴历年在商船度过，进淞口时，景况大变，满口布满日旗，轮船改名为丸，抵沪时，船靠浦东，抵浦西，经海关查验，尚未十分作难，所带各物亦未翻箱倒筐，搜查登岸后，暂寄寓烟商顺成恒，并设法与家眷通信，自到湖口到现在去信数十封毫无音信，焦急非常，直至三十年四月始在沪聚首，当年十二月七日，发生珍珠港之偷袭，上海日军占领租界，英美商人被送集中营，继汪精卫伪政权成立。伪政府在南京成立，对于在上海之海军人员拉拢不成，继以仇视于王寿廷、周兆瑞等人，突于一天早晨睡卧之中被拘，关闭虹口日本宪兵司令部，日加威胁，甚至刑讯，二人不屈，始终未被利用，后经寺岗日人汪之顾问缓颊，始迁至沪西汪之一特务机关拘押，已较虹口为优。是时在沪之海军同人，一般内心惶惶，白天不敢家居，夜间闻叩门声，而惊起。三十一年宝琦生，五十四岁得子，可以娱晚年之乐，接连陈公博等从逆之辈，组织中央储备银行，以人民存款之中央券二元兑换储备券一元，无形中将人民存款减少一半，政策之毒，可恨已极，然限期使用，违者法办，有时挤兑困难，为生活计，人民不敢不从，余将舰十余年，素奉俭约，薄有积蓄，受此影响，财产已减，其银行又限制提出，仅允提出生活之用，物价不但不减，且以伪钞，人民不加信用，多存货物，以至物价每日波动，甚至一日数动，而直线上升，伪钞由元转千，转万，甚至数十万，物价不以元数计，而以最高票面之张数计，譬如米每石最高票面一百张，如一万元为大票，须一百万元一石，甚至低数钞票，掉在地上连乞丐亦不拾捡。余受此打击，已告破产，银行存蓄，已变为零，此后生活发生困难，此时租界为日本收回，交伪政府接收，为假恩假惠办理配给制度，米则粗糙，参以玉蜀米及砂石不能下咽，有时排队集买，甚至有半夜坐候，妇孺力不胜者，以及孕妇，多有受伤跌倒者，有时伪警棒棍殴打，头破血出，惨不忍睹，日人又禁止各种抗战书籍，任意搜查，并收没铜铁，作为捐物，以助改造军器，市民以迫于淫威仍阳奉阴违。继珍珠港后日军初期节之胜利，英战舰却敌Repulse及威尔士亲王Prirce of Wales二舰，由英上将非力浦统率，并无驱逐舰及航空母舰掩护，由新加坡沿马来半岛东岸向北巡弋，于回航时为日本侦察机发现，报告母舰派轰炸机、雷击机连续轰炸，两舰高射炮猛烈射击，终不敌飞机轰炸命中之准确，二舰受伤甚重，先后沉没，非力浦亦罹于难，从此英国在东亚海军势力亦完全丧失。继之菲律滨弃守，统帅麦克阿瑟飞往澳洲，新加坡又不守，日改为昭南岛，暹罗投降，安南为日合作。爪洼之荷兰舰队，联合英美残舰，组成ABD舰队，对抗日本，不敌而溃，爪洼罗洲不守，从此日本大东亚圈完成，占地日广，战线拉长，接济困难，兵力分发，犯兵家之大忌。美自珍珠港被袭后，修残补缺，惨淡经营，全国重工业集中制造战具，残舰修竣，新舰完成，尤注重增加航空母舰，勤加训练，准备反攻。中间日本进攻中途岛威克岛，皆未登陆，后以千岛为基地，进攻阿拉斯加登陆河图岛基斯卡等处，于三十一年美日海军在南太平洋相遇，瑚珊海一战，虽主力舰相隔甚远，全以母舰空军对峙，日本损失甚巨，联合舰司令长官山本五十六中将，空中指挥，被击阵亡，督战军令部长永野修身大将（即上将）乘舰而逃，从此战事扭转，日本已处劣势，美国逐步进攻，谨慎前进，即所谓跳岛战争。日本威焰，日趋暗淡。是时余居上海，生活渐苦，积蓄一空，连蔬菜已不能继，余生性耿直，不欲告贷，当第一次欧战时，当买二十金钱，随时卖出以维残喘，兰英以宝琦哺乳，毫无营养，乳水稀薄，变为蓝色，三十三年有营琇同学姚小姐之丈夫张维清，以余生活清苦，约余到渠铺中管理支款图章，每月略有贴补。余每日步行来去家中扎底，自做布鞋，余有生之苦，未有苦于此时之景况，然精神殊乐。三十四年八月，美国以原子弹先后炸广岛及长崎，日本天皇宣布无条件投降，在中国日军者，三百余万一律放下武器停止战事，是时中国派何上将应钦为受降专使，海军总司令（按系陈绍宽）参加海军受降事宜，九月十三日由驻沪办事处长林献炘（王寿廷在前二年已病逝上海）派人通知即日往见，余到吕班络海军联欢社，渠已到枫林桥海道测量局，晤面后，派余接收高昌庙各日舰，当日下午即须开始，余因抗战期间，军衣完全存在沙市，并全部损失，一无所有，是以向杜逢时、周兆瑞二候补员分借白军衣、肩章、军帽、白鞋、军刀等，下午开始在永绩会同舰长谢为良派兵，开始接收各日舰，当派兵驻守。十六日夜间突接奉通知明晨（十七日）乘飞机到青岛接收，是时外面降雨，已至深夜又无交通工具，待至十七晨赶往利查饭店，始悉派余赴青岛接收日军并派万绍光、常光旅二从伪军官，薛龙文、郑立方共四人前往，并云无须证件，上海方面日本海军长官已致电日本海军长官，嘱即到大场乘机飞往云，并见参谋长曾以鼎，交法币五万元，密电码一本，及到机场，因气候恶劣，不能起飞，又返回利查饭店报告。奉指示在青接收时，有伪威海卫司令鲍一民，现在青岛，已来电效忠，并有军队可利用接收，抵青岛仓口机场，有鲍一民等一般人及日本金子司令官所派参谋在场迎接，到金口一路二号金子司令腾出之官舍居住，并与日参谋及鲍一民商讨接收步骤，并定先查阅清册逐步接收，交由鲍一民派兵看管并加封条。因日本在青岛海军方面建设甚完备，地方甚大，储存仓库甚多，电海部增加员兵来青岛接管，余并请调回上海，另派人接充，回电以不必回沪，仍须在青岛主持，继美舰队到青，并交换礼节上之往来，所最苦者，住以日人之房舍，由日人供给食品，所带五万元，供各员零用尚不足，交际上更谈不到，甚以为苦，美舰队到青岛，当然不能宴请，后美陆战队又到，向市长李先良要房，由李延年参谋长杨业孔召集在迎宾馆开会，海军将前海军司令部及齐鲁大学等让出。旋即派曾国晟等人来青接收船坞，而鲍不肯交出，且不招待，开会亦不到，鲍已开始变态，对海军部处置常露出不满之言，继唐静海之刘乃沂到青，衔唐命接收天津北京一带事宜，随后大队长吴支甫带队乘美舰到青岛，携带唐之命令，先代接收青岛，余乃急电海部请示，回电不必移交，当将电示吴阅看，张风仁、鲍一民、吴支甫三人，声言将以兵力接管各仓库之，余因不能行使职权，是以同曾国晟等同乘飞机回沪，是时海军总司令部已撤销，军务交海军处处长周宪章接管。三十五年十月间，海军处改为海军总司令部，以陆军中将桂永清为总司令，因唐静海接收青岛案，须余作证，于十一月间到国防部出庭作证，二次结案，旋于以商船海关，在厦门口外撞沉海军炮船伏波英送之 Sloop 开始向交通部交涉，交长俞大维前为军政部次长，双方组织公断委员会，海军聘余及李国堂，交部聘航船专家，至数月之久后陈诚以参谋总长名义解决。于五月派余为第一署少将副署长，桂公就任后实施全军第一次点验，以余担任点验组长，于八月十二日由南京上海青岛北京大沽台湾澎湖等处，至十二月回南京开始点验长江上游一带，一周后点验结束，三十七年一月一日仍回任第一署副署长，三月十一日接兼五署代署长，曾一度派兼京沪警备司令部海军副参谋长。三十八年一月乘中鼎来台，担任“整建委员会”人事组组长，二月调为少将法制委员，十一月派余为“法规委员会”专任总主任委员，以迄一九五一年。余以十五岁入军籍，光阴迅速，现已虚度六十三岁，计在军四十八年，毫无背景，始终以一人之智力奋斗，计长舰十二年，长教育八年，海军学生七十余人，皆居显要，现“国防部”参谋次长宋少将锷，“海总部”副参谋长王少将天池，第二署署长徐代将锡鬯，副署长姚代将汝钰，第五署署长梁少将序昭，参谋研究班教育长冉代将鸿翮，尚有上校处长多人也，此外尚有受训之长江引水者四百余人，现多为商船之中坚分子。余自入军以来，一直服务中央海军，尚未他就，同学中迁移无定者，如粤渤队之温树德，渤队之沈鸿烈，皆昔年同学，事业各有千秋，留待定论。余之服务，尚以谨守本位，尽心职务，职以外之事，从不过问，每当调迁事前毫不得知，事后每以恐不胜任，推辞、辞谢不获准后，始兢兢业业以从事，本以同仁之和衷共济，四十余年，尚未偾事，现主持“海军法规委员会”讨论全军法规，事虽繁，而责任简，本身体粗健，每日办公，尚不觉疲劳。亟盼反攻大陆，早告成功，时局澄清，得享田园之乐。一生庸碌对国虽无建树，然谨慎自守，视名禄如草芥，以服务自矢，差堪自慰也。

编者按：畲故少将于一九五二年十一月十六日以海军少将退役，一九六三年因病逝世，享年七十五岁。

本回忆录成于一九五一年春于“法规委员会”副主任委员任内。